나를 마케팅하라

나를 마케팅하라

초판 1쇄 2021년 02월 23일

지은이 박흥식 ┃ **펴낸이** 송영화 ┃ **펴낸곳** 굿웰스북스 ┃ **총괄** 임종익

등록 제 2020-000123호 ┃ **주소** 서울시 마포구 양화로 133 서교타워 711호

전화 02) 322-7803 ┃ **팩스** 02) 6007-1845 ┃ **이메일** gwbooks@hanmail.net

© 박흥식 굿웰스북스 2021, *Printed in Korea*.

ISBN 979-11-91447-04-0 03190 ┃ 값 **15,000원**

나를 마케팅하라

박흥식 지음

굿웰스북스

스티브 잡스가 회사 사옥에 해적 깃발을 꽂은 이유

얼마 전 유명 대학의 새 총장이 취임사 연설에서 재학생들에게 "개척하는 지성"을 당부했습니다. 이것은 대학교의 젊은 지성들이 지향할 좌표를 정말 적절하게 지적했다는 생각입니다. 지금의 대학생들, 젊은 청년들의 삶의 태도가 어찌하여야 할지 그 방향을 제시한 것인데, 사회에 진출하기 위해서 지성을 갖춘 젊은이로서뿐만 아니라, '개척 정신'으로 무장할 것을 강조한 것입니다.

개척 정신은 과거 미국의 존 에프 케네디 대통령이 주창한 프런티어 정신으로 이어져, 오늘날 미국인들의 삶 속에서 정신적 뿌리가 되었듯이, 이 시대 우리의 젊은이들에게도 꼭 필요한 정신이라 할 수 있습니다.

대학생들의 졸업 후 진로 결정에서도 이제부터는 좋은 대기업에 취업하는 것도 좋겠지만, 자기가 개척하고픈 분야에서 창업하기를 권합니다.

우리의 오늘은 탐험가처럼 개척 정신이 필요한 시대입니다.

수많은 산악인 중에서도 처음으로 개척해 길을 만들었던 위대한 산악인들은 아무도 가보지 않은 길을 개척하고 정상에 올랐듯이 우리의 젊은 청춘도 새로운 길을 만들고 정상에 도전해보는 용기가 필요합니다.

스티브 잡스는 벤처회사를 만들고, 개척 정신을 드높이기 위해 해적 깃발을 회사 사옥 앞에 꽂아두었습니다. 해적과 해군의 차이점은 해적은 개척하는 것에 익숙한 집단이고, 해군은 지키는 것에 익숙한 집단입니다. 스티브 잡스는 해적 깃발을 통해서 그들의 개척하는 삶의 지표로 삼고, 애플이라는 글로벌 회사를 론칭할 수 있는 근본을 마련했습니다.

"어리석은 짓을 할 수 없는 청년은 이미 노인이다."라고 고갱이 말했습니다. 남이 간 길을 따라가서는 절대로 앞설 수 없습니다. 개척이란 전에 없던 것을 처음으로 만들어낸다는 말입니다. 그러기 위해서는 새로운 것에 도전해야 합니다.

세스 고딘은 블로그 스피어를 통해서 남이 가지 않은 길을 걸음으로써 온라인을 통해서 세계적 인물로 발돋움하였고, 혁신의 상징 리처드 브랜슨은 평소에도 수많은 도전과 모험을 즐기고, 새로운 것에 대해 배우는 것을 좋아했으며 호기심과 다양한 사회 문제에 관해 관심을 가지고, 항공 사업을 비롯한 여러 사업을 펼쳐 버진 그룹을 일구었습니다.

개척의 길은 누구도 가보지 않은 길이기에 무모해 보이고 어리석게도 보입니다. 하지만 그 무모함과 어리석음이야말로 청년이 누릴 수 있는 특권입니다. 청춘의 힘은 꿈과 가능성에서 나오며, 도전하는 모험과 용기에서 꽃피울 수 있습니다.

개척의 길을 가기 위해서는 용기도 필요하지만 자기 확신과 믿음이 필요합니다. 정상 도달에 대한, 믿음과 확신, 꿈과 가능성에 대한 확신입니다. 서쪽이란 방향만 정하고 머나먼 항해의 길을 떠났던 콜럼버스처럼, 극지를 탐험했던 아문센처럼 사명감과 의지로 오직 목적지로 향하여 앞으로 나아가야 합니다.

마틴 루터 킹은 말했습니다.

"꿈을 향해서 앞으로 나아가라. 뛰어서 가지 못하면 걸어서 가라. 걸어서 가지 못하면 기어서 가라. 그러나 결코 멈추어 서지는 마라."

개척의 길을 가기 위해 또 무엇이 필요할까요?

개척의 길을 가기 위해서는 왜 그 길을 가는지에 대한 이유가 필요합니다. 바로 'Why?'입니다. 왜 내가 그곳에 가려고 하는지, 왜 가야 하는지에 대한 강력하고도 확실한 이유를 먼저 말할 수 있어야 합니다.

여러분, 두려워 말고 도전하길 바랍니다.

아무도 가보지 않은 길을 스스로 만들고 창조해내는 것입니다. 취업의 길에서 미래의 꿈을 가꾸는 것도 필요하지만 이제는 창업의 길에서 그리고 창작의 길에서 자신의 미래를 찾을 수 있습니다. 창조적 역량을 집중하여, 새로운 직업을 개발하고 활동하기를 기대합니다. 남들과는 다른 자신만의 길을 만들고 스스로 진로를 개척하고자 하는 우리의 젊은이들에게 힘을 보탭니다. 오늘도 힘차게 행진합시다.

SELF

MARK

ETING

Part 1

미래 전략,
셀프 마케팅이
답이다!

1

지금의 유행을 따라갈 것인가?
미래의 트렌드를 따라갈 것인가?

세상은 변합니다. 누구에게는 더 좋은 세상으로, 또 누구에게는 더 나쁜 세상으로….

오늘은 변화에 관해 이야기합니다. 어제와 다른 오늘입니다. 계절도 바뀌었고, 사람들의 옷차림도 표정도 바뀌었습니다. 자연은 가만히 있지 않고 바뀌어가는데, 문득 내 모습을 바라봅니다.

무엇이 달라졌나요? 아니면 그대로인가요? 세상의 변화는 너무나 빠른데, 나는 너무나 느리거나 바뀌지 않고 그대로인 것을 느낍니다. 지금 내 생활, 내 가족, 내 직장, 더 나아가 우리 사회와 지구촌에서는 어떤 변화들이 일어나고 있나요?

아날로그 시대가 디지털 시대로 바뀌었고, 산업이 바뀌고 유통이 바뀌고, 내 생활 환경이 모두 바뀌고 있습니다.

인생무상. 세상에 그대로인 것은 아무것도 없습니다. 세상은 언제나 변화합니다. 살아있는 모든 생명체는 변해야 합니다. 변하지 않으면 도태되거나 사멸하고 맙니다.

변화는 바로 생존의 문제입니다. 또한 변화는 나의 성장과 발전은 물론 궁극적으로는 나의 성공과 행복을 보장합니다. 쉼 없이 밀려드는 혁신의 조류, 이에 맞서기 위해 우리는 어떻게 변화해야 할까요?

내 삶의 습관과 행동 패턴, 나의 라이프 스타일을 바꾸려고 합니다. 무엇을 어떻게, 언제부터 바꿀 수 있을까요?

먼저, 무엇을 바꿀 것인지 생각해봅니다.

바꿔야 할 것은 내 생각과 태도, 신념과 목표일지도 모릅니다. 그리고 나의 행동이 바뀌어야 합니다. 그런데 변화에는 시작이 필요합니다. 변화를 시작하려면 꼭 필요한 것이 있습니다. 그것은 바로 간절함과 절박함입니다. 변화에 대한 강렬한 열망과 절실함이 없다면 변화는 시작조차 할 수 없습니다. 무언가 이루어야 할 간절한 소망과 목표가 있어야 합니다. 그리고 변하지 않으면 안 될 절실한 필요성이 있을 때 변화가 시작됩니다.

지금 무언가 변화해야 할 것을 찾았다면, 어떻게 그것을 실현할 수 있을까요? 아니면 아직 변화의 절실함도 변화의 필요성도 느끼지 못하고 있다면 어떻게 해야 할까요? 변화를 위해서 우리가 실천할 몇 가지를 말씀드립니다.

먼저 내 생활의 우선순위를 다시 정해야 합니다. 시급한 것, 중요한 것을 먼저 생각해보고 해야 할 우선순위를 조정하는 것입니다.

그리고 내가 나가야 할 방향을 다시 정해야 합니다. 지금의 유행을 따라갈 것인지, 미래의 트렌드를 따라갈 것인지를 결심해야 합니다. 나의 발전을 위해 가장 먼저 바꿔야 할 그 무엇을 한 가지 찾아내고, 그 한 가지에만 우선 관심을 집중하는 것입니다.

변화를 위해 꼭 실천해야 할 또 다른 하나의 방법은 공부입니다. 매일 공부에 투자하고, 독서에 시간을 할애해야 합니다. 공부를 통하여 새로운 정보와 지식은 물론 지혜와 아이디어를 찾을 수 있습니다.

우리의 수명이 70이나 80일 때는 공부, 취업, 은퇴만으로 한 인생이 마무리됐습니다. 그러나 100세 시대에는 공부, 취업, 은퇴 이후 다시 공부하고, 취업이나 창업 등의 제2의 인생 과정이 필요합니다.

　지금도 세상은 바뀌고 있습니다.

　잠시 가던 길을 멈추고 내 주위를 돌아보십시오. 많은 것들이 바뀌고 있습니다. 이럴 때 나 자신을 바꿀 수 있는 게 무엇인지 다시 생각해보고, 아주 사소한 것이든, 중요한 것이든 바로 결심하고 변화에 동참해보기 바랍니다.

2

다가오는 미래사회는 어떻게 변화하는가?

경제 개발의 단계에서 지금 한국은 어디쯤 와 있을까요? 기업이 성장하고 개인이 생존하려면, 사회의 변화상을 정확히 파악하고 있어야 합니다. 우리 경제는 아직 물질적 풍요가 충분하지 않다고 이야기합니다. 또 요즘 다들 먹고살기 어렵다고 합니다. 하지만 다시 생각해보면 역사상 어렵지 않은 때는 없었던 것 같습니다.

우리보다 먼저 오랜 세월 저성장의 늪에서 신음하던 선진국들은 지금 무슨 준비를 하고 있을까요? 저성장이 지속되고 환경이 불확실할수록 책을 통해 지혜를 구해야 합니다. 덴마크의 미래학자이자 『드림 소사이어티』의 저자 롤프 옌센은 다른 책 『르네상스 소사이어티』에서 이 저성장 시대를 타개할 새로운 패러다임을 생생하게 제시하고 있습니다. 책의 제목에 르네상스가 들어가고 내용도 르네상스를 다루지만 이 책의 내용은 르네상스에 대한 역사책이 아닙니다. 우리의 미래, 그중에서도 기업, 시장, 사회의 미래에 관한 책입니다. 그리고 곧 현재가 될 미래를 그려냅니다. 특히 지금의 저성장 시대에 맞추려고 애쓰기보단 어떻게 하면 고성장 시대를 열 수 있을지 상상하라고 말합니다.

롤프 옌센 박사는 이미 1999년에 『드림 소사이어티』라는 책을 통해 이야기, 감성, 상상력이 들어 있는 제품이 시장에서 승리할 것이라는 미래를 예견한 바 있습니다.

예컨대 아이폰은 그냥 휴대전화가 아니라 스티브 잡스의 혁신 이야기를 담고 있으며, 스타벅스는 단순한 커피가 아닌 뉴요커의 삶을 보여주는 상징이라는 것입니다. 옌센 박사는 역시 핀란드의 저명한 미래학자 미카 알토넨과 함께 『르네상스 소사이어티』를 공동 저술했습니다. 이 책에서 두 사람은 미래사회는 더욱더 개인화된 세상이 될 것으로 예측합니다. 과거의 기업이 단순히 제품을 팔았다면, 미래의 기업은 경험을 팔아야 한다고 말하고, 무형의 자산인 평판자산을 쌓을 것을 강조합니다.

책에서는 미래사회가 변화되는 세 가지 시나리오를 제시합니다.

첫 번째 시나리오는 르네상스 사회입니다. 두 사람은 이게 가장 유력한 시나리오라고 생각합니다. 이 사회에선 다양한 아이디어, 욕구, 도전의식이 한데 합쳐져 한 방향으로 수렴합니다.

600년 전 이탈리아 북부에서 탄생한 첫 번째 르네상스와 마찬가지로, 이 르네상스 사회에선 새로운 에너지와 희망이 분출하고 사람들과 조직의 활동은 상향식으로 다시 구성됩니다. 현대 산업사회의 특징이라고 할수 있는 하향식의 관리, 위계, 통제를 기초로 한 조직 원칙은 배제됩니다.

두 번째는 그린 소사이어티(녹색 환경사회)입니다. 지속할 수 있는 생산 방식, 지속 가능한 소비 방식, 지속 가능한 라이프 스타일을 지지하는 몇 가지 근거와 흐름을 제시합니다. 생존의 대가로 환경을 파괴하는 사회는 결국 자멸하고 말 것입니다. 그린 소사이어티로의 변화는 필연이라고 말합니다.

세 번째는 리스크 소사이어티(위험사회)입니다. 리스크 소사이어티란 미래에 발생 가능한 위험에 대한 체계적인 대비와 예방책을 강조하는 개념입니다. 기술의 발달로 인간 지식의 한계가 넓어지면서 리스크 소사이어티의 실현 가능성도 함께 커지고 있습니다. 르네상스 소사이어티도 미래를 예측하고 대비한다는 점에서 이와 크게 다르지 않지만, 리스크 소사이어티는 보다 더 산업적인 관점에서 접근하기에 사회의 관리, 통제, 감독을 강조하는 모습을 보입니다.

한편, 이 책은 변화하는 세계에서 리더십의 양상도 변화하고 있음을 고찰합니다. 인간과 사회를 다루는 분야인 경영은 자연 과학처럼 투입과 산출이 딱딱 맞아떨어지는 분야가 아닙니다. 경영학의 영원한 딜레마인 리더십의 주체는 나와 당신과 같은 평범한 개인이 될 것입니다. '나는 누구인가? 나는 무엇을 하는가? 우리 기업은 왜 존재하는가?' 이와 같은 질문은 1인 기업이든 대기업이든 CEO가 맞닥뜨리는 가장 큰 과제일 것입니다.

르네상스 운동은 600여 년 전인 14세기 후반에 이탈리아를 중심으로 일어난 문화 부흥 운동이라고 할 수 있습니다. 신이 지배하는 세계에서 한낱 피조물에 불과했던 인간을 스스로 생각하고 결정하는 주체로 전환하며, 인간 중심의 세기를 연 인문학 부활 운동이었습니다.

이와 마찬가지로 대량 생산 체제에서 인간은 단지 수동적인 소비자에 불과했지만, 기업과 직접 커뮤니케이션하며 능동적으로 소비합니다. 심지어 직접 생산에까지 참여하는 개인 소비자 중심으로 변화가 일어나는 이 시대는 분명 새로운 '르네상스 사회'라고 부를 수 있을 것입니다.

르네상스 모임은 이미 우리 주변에 와 있습니다. 그 사회는 개인 한 사람 한 사람이 기업이 되고 사장이 되는 1인 기업, 1인 사장의 전혀 새로운 세상입니다. 물질적 욕구가 충족되면 사람들은 정신적 가치를 추구하기 마련입니다. 미래사회는 물질 만능주의에서 인문학으로 다시 태어나는 시간이 될 것입니다.

르네상스 미래사회는 이미 우리 앞에 와 있습니다. 미래의 시나리오는 세 가지 방향이지만 어쩌면 이 셋과 다른 무언가가 올 수도 있습니다. 이 변화의 사회에서 당신과 나를 비롯한 평범한 사람들이 그 변화의 주인공입니다. 다가올 르네상스 미래사회는 역사상 그 어느 시기보다 우리 개개인이 어떻게 행동하느냐에 따라 결과와 모양새가 달라질 것입니다. 열린 사회, 위험사회에서 변화할 것인지 혁신할 것인지, 내 손에 달려 있습니다.

3

당신의 미래 전략은
무엇인가?

인간의 삶은 경제를 기반으로 형성됩니다. 10년 후인 2030년 한국은 어떤 모습일까요? 우리도 일본처럼 잃어버린 20년을 맞을 것이라는 위기설이 퍼지고 있습니다. 과연 한국 경제는 무사할까요? 미래 경제 환경에 대비해 각 개인의 생존 부등식을 만족시키는 수단을 무엇으로 마련하고, 미래 전략은 어떻게 설계해야 할까요?

미래 예측 싱크탱크인 미래전략정책연구원은 지난 1년간 국내외 미래학자와 연구기관, 정부의 정책 보고서 등을 기반으로 『10년 후 한국 경제의 미래』를 발간하고, 한국 경제를 세 가지 시나리오로 전망했습니다. 현 상황이 계속될 경우의 미들 시나리오, 현 상황이 개선될 경우의 베스트 시나리오, 현 상황이 악화할 경우의 워스트 시나리오를 함께 내놓았습니다. 한국 경제의 운명을 좌우할 변수들인 양극화, 저출산 고령화, 미중 무역 전쟁, 한일 무역 분쟁, 남북경협 등을 고려해 한국 경제의 미래를 세 가지 시나리오로 전망한 것입니다.

미래전략정책연구원은 저출산 고령화가 한국 경제에 가장 큰 문제를 일으킬 것이라고 단언합니다. 2019~2067년 우리나라 유소년 인구는 4.3%, 생산가능인구(15~64세)는 27.3% 감소하는 반면 65세 이상 고령인구는 31.6% 증가할 것입니다. 그로 인해 우리나라 생산가능인구 100명당 102명의 노인을 부양해야 하고, 유소년인구까지 포함하면 120명을 부양해야 합니다.

생산가능인구가 감소하면 무엇보다 생산과 소비 등 한국 경제의 모든 것이 위축됩니다. 저출산 고령화로 부양할 인구가 많아지면, 그만큼 경제적 여력이 줄고 정부의 재정 지출도 늘게 됩니다. 하지만 소비 트렌드를 알면 불황에도 살아남을 수 있습니다. 향후 10년간 소비 트렌드를 주도할 세대는 베이비붐 세대(1955~1963년생)와 밀레니얼 세대(1981~1996년생), Z세대(1995년 이후에 태어난 세대)입니다.

현재 베이비붐 세대는 711만 명(전체 인구의 14.3%)인데, 2025년에 이들 대부분이 65세 이상이 되면 우리나라 고령 인구는 1천만 명을 넘어설 것입니다. 이들은 한국 경제가 고도성장하던 시기에 생산가능인구로 활약했고, 대한민국에서 부동산과 자산을 가장 많이 보유하고 있는 세대입니다. 하지만 모든 베이비붐 세대가 지갑이 두둑하지는 않으니 중산층 이상을 공략해야 합니다. 이들 중 상당수는 자녀 양육과 부모 부양을 동시에 책임지는 '더블 케어'에 시달리느라 자신을 위해 돈을 쓸 여력이 부족합니다. 중산층 이상의 베이비붐 세대는 구매력이 있고, 기존 고령 세대와 달리 나이보다 젊게 살려 하는 '액티브 시니어'이며, 스마트폰 등을 통한 온라인 쇼핑에도 능합니다. 향후 10년간 이들이 시니어 시프트를 성장시킬 것입니다.

　　평생직장과 정년퇴직은 이제 옛말입니다. 현재 5060세대의 절반 이상은 최저임금을 밑도는 임금을 받고 있습니다. 또 다른 고난이 기다리고 있습니다. 이들의 자녀 세대는 경기 불황과 고용 불안 속에 살고 있습니다. 사상 최고의 실업률을 기록하고 있는 가운데, 노인 빈곤도 심각한 사회 문제로 떠올랐습니다.

　　미래의 불안한 경제 환경에서 우리 개인은 삶의 아름다움과 평화를 생성하기 위해서 조건이 필요합니다. 가족과 이웃 혹은 직장 등 일터와 공동체에서 서로의 관계 개선과 함께 자신만의 생존 전략과 경쟁력도 필요합니다.

당신의 미래 전략은 무엇입니까?

미래의 생존 부등식을 만족시키기 위해서, 개인이 통제할 수 있는 변수 중에 몇 가지 전략을 제안합니다.

첫째, '간소한 삶'의 라이프 콘셉트입니다. 내 삶의 환경을 간소화, 간결화, 단순화하는 것을 삶의 원칙으로 삼고 주변 환경을 단순 기조로 유지하기 위해 노력합니다. 물건도 정보도 넘쳐나는 세상에서, '이것이 정말 필요한 것인가?' 자문하면서 물건을 줄이다 보면 어느새 생각이 바뀌고, 삶의 태도마저 달라집니다. 지금 자신에게 무엇이 가장 중요한지 되돌아보고 소중한 것에만 집중합니다. 과거에 대한 집착과 미래에 대한 불안에서 벗어나고 가장 중요한 현재를 놓치지 않기 위해서도 미니멀리즘은 중요합니다. 간소한 콘셉트는 개인을 떠나 기업에도 영향을 미치고 있습니다.

둘째, 나의 숨어 있는 '창의성'을 계발하는 것입니다. 생활 속에서는 창의성 계발을 위한 수단으로 독서와 명상을 실행합니다. 세상과 소통할

'절대반지'는 바로 자신의 마음속에 있습니다. 꾸준한 성찰과 세상 모든 것에 대한 깊이 있는 관찰, 다른 사람에 관한 관심과 이해가 넘쳐날 때 당신의 창의성도 높아질 것입니다. 현실을 벗어나 미래의 성공을 들어올릴 지렛대는 바로 당신의 창의성입니다. 창의성은 새로운 시도를 두려워하지 않는 마음에서 비롯됩니다. 나이가 들어가며 정체와 안주라는 굳은 살이 생겼다면, 무뎌진 칼날을 다시 세우고 다양한 편집 능력을 키우는 것도 필요합니다.

셋째, 나의 이해관계자를 대상으로 '평판 관리'를 합니다. 왜 세상은 내가 특별하다는 것을 몰라줄까요? 나를 먼저 사랑해야 합니다. 그리고 나의 특별함을 세상에 알립니다. 당신의 인맥 네트워크는 어디쯤인지요? 그들과의 관계는 어떠한가요?

『우피경제학』의 저자 타라 헌트는 인간의 사회적 관계와 평판을 통해 실제로 어마어마한 이익과 부를 얻을 수 있다고 말하며, 평판이 미래의 화폐가 될 것이라고 주장합니다. 비즈니스 세계에서도 평판은 중요합니다. 평판은 단순한 대중의 인기 척도가 아니라 사회적 자본이자 비즈니스의 핵심 도구입니다.

평판 관리는 반드시 다른 사람과의 관계 속에서 그들의 필요와 욕구를 충족시키는 것에서 출발합니다. 내 이웃을 사랑하고 그들에 봉사합시다. 그들의 잘못을 용서하고 그들을 이해하는 것, 가난하고 약한 사람들의 도움에 앞장서고, 협력을 강화하는 일에 우선한다면 당신의 장래는 밝게 빛날 것입니다.

독점이 최고의 생존 전략이다

기업의 경영자라면 시장에 팔 물건을 기획할 때, 소비자에게 어떤 제품과 서비스를 제공할지, 어떤 조건을 갖추어야 시장에서 성공할 수 있을지 고민할 것입니다. 그때 기업이 구사하는 전략이 바로 독점 전략입니다.

알고 보면 현대인의 일상은 개개인에게 최적화된 수많은 독점 제품들로 구성되어 있습니다. 그들은 세상이 꼭 필요로 하는 가치를 제공함으로써 우리의 삶 깊숙이 들어와 유일한 존재가 되었습니다. 경쟁사회에서 우리가 살아남는 길도 시장에서 상품이 살아남는 전략과 마찬가지입니다. 무엇으로도 대체할 수 없는 유일한 사람이 되는 것이 독자적 삶을 살 수 있는 최고의 생존 전략입니다.

고객은 자신의 문제를 해결해주거나 욕구를 충족시켜주는 기업과 상품에 기꺼이 대가를 지불합니다. MIT미디어랩의 니콜라스 니그로 폰테는 이렇게 말했습니다.

"나에게 필요한 것은 500개의 TV채널이 아니다. 내가 보고 싶은 프로그램을 방송하는 단 하나의 채널이다."

기업의 존재는 고객이 필요로 하는 부분을 채워줄 때 의미를 갖습니다. 고객에게 유일한 제품, 대체할 수 없는 서비스를 생산할 때 고객은 그 기업과 제품을 선택합니다.

사람들 간의 관계 형성도 마찬가지입니다. 경영학의 대가 마이클 포터는 1985년에 『경쟁우위』라는 저서에서 '지속가능한 경쟁 우위'라는 매력적인 콘셉트를 제안했습니다. 당시 그가 제시한 경쟁 우위는 두 가지로 '차별화'와 '낮은 원가'였습니다. 하지만 경쟁 우위란 환경과 시대의 변천에 따라 변합니다. 지속 가능한 경쟁 우위는 어디에 있을까요? 시카고대학의 밀렌드 M. 레레 교수는 말했습니다.

"지속 가능한 경쟁 우위는 아무것도 보장해주지 않는다. 수익성을 보장받고 생존하려면 독점적 위치를 가져야 한다."

경쟁 우위도 결국엔 독점으로 가기 위한 수단입니다. 기업들이 추구하는 경쟁 우위란, 예를 들어 차별화된 상품, 규모의 경제, 낮은 원가, 유통 인프라, 숙련된 인력 등은 기업 목적이 아닌 수단입니다. 그런데 경쟁 우위라는 수단에 몰입하면 정작 기업의 추구 목적은 잃어버립니다. 경쟁 우위라는 무기가 필요한 이유는 안정적인 위치, 경쟁이 없는 대체 불가능한 독점적 위치로 가기 위해서입니다.

레레에 따르면 성공한 기업은 이길 만한 우위를 가지고 있어서 성공하는 것이 아니라 자신만의 '독점 역량'과 '독점 공간'을 가지고 있었기에 지속적으로 성장합니다. 기업의 비즈니스와 개인의 생존 전략도 전투에서 승리를 거두려면 나만이 독점하는 공간과 장소에서 또 다른 나만의 시장으로 들어가는 것입니다. 레레의 주장을 정리하면 다음과 같습니다.

"비즈니스는 독점과 독점이라는 성을 쌓는 게임이기에, 경쟁 우위 전략에 앞서 독점 전략을 먼저 짜야 한다."

그럼 독점 전략은 어떻게 짜야 할까요? 유일한 사람이 되는 것에는 어떤 조건이 필요할까요?

새로운 독점 공간은 다음 3가지 조건이 충족될 때 열립니다.

첫째, 새로운 고객의 요구(욕구와 필요) 등장

둘째, 기존 경쟁자의 무관심 영역

셋째, 새로운 요구를 충족하는 역량의 획득

독점 공간이 만들어지는 조건이 3가지이듯, 독점이 이루어지는 방법과 전략 역시 크게 3가지로 요약할 수 있습니다.

첫째, 하이테크. IT, BT, NT, RT 등 첨단 과학기술을 적용하는 것입니다.

둘째, 하이터치. 감성과 스토리의 결합, 사랑, 문화, 환대, 공감 등 감성을 적용하는 것입니다

셋째, 하이로직. 융합과 통섭, 창조력을 발휘하는 것입니다.

4

사회적 자본,
평판은 미래의 화폐다

당신의 자산은 얼마인가요?

평판은 개인에게 부동산이나 화폐처럼 자산가치를 부여합니다.

평판은 기업자산으로서 재무 가치가 있습니다.

명성과 부는 연계됩니다.

평판은 돈입니다.

그러므로 당신은 평판 부자가 되십시오.

『우피경제학』의 저자 타라 헌트는 사회적 관계와 명성, 평판을 통해 실제로 어마어마한 수익과 부를 얻을 수 있으며, 이러한 사회적 자본, 즉 평판이 미래의 화폐가 될 것이라고 주장합니다.

비즈니스 세계에서도 가장 핵심이 되는 힘은 바로 관계와 명성, 평판의 힘입니다. 이제 평판은 대중의 단순한 인기의 척도가 아니라 사회적 자본을 형성하는 키워드이자 실제로 어마어마한 이익과 부를 얻을 수 있는 비즈니스의 핵심 도구입니다.

미국 브루킹스 연구소(Brookings Institution)의 마이클 아마코스트(Michael Amarcost)소장은 "21세기 신경제의 가장 중요한 특징은 눈에 보이지 않는 무형적 요소가 부의 창출에 점차 지배적인 역할을 한다는 점"이라고 강조했습니다. 그의 지적처럼 오늘날 경제활동에서 무형자산의 구축과 활용은 모든 개인과 조직의 생존 이슈가 되고 있습니다. 그리고 이들 무형자산 중에서도 평판이야말로 현재의 나를 지키고 나아가서 미래의 성공을 창출하는 경쟁력 있는 자산임이 틀림없습니다.

그런데 여기서 잠시, 우리가 알고 있는 유명인 두 사람을 돌아보겠습니다.
그중 한 사람은 변호사로서 한때 국회의원이었고, 근무 당시 출입 기자들과의 회식 자리에서 성희롱 발언 시비로 스스로 의원직에서 물러났습니다. 그 이후 다시 몇몇 케이블 방송에서 인기 있는 사회자로서 매우 바쁘게 활동하던 중, 여성과의 스캔들로 다시 그 자리에서 하차한 사람입니다. 다른 한 사람은 보통 사람의 꿈을 설계하고 격려하며 자신의 꿈도 키워가는 스타 강사였습니다. 여기저기 강의로 바쁘고 무척 몸값이 높은 유명인 신분이었으나, 어느 날 매스컴에서 자신의 논문 표절 사실이 보도됐습니다. 그는 한동안 침묵으로 일관하다 세간의 인기와 관심 속에서 멀어져 갔습니다.

이 두 사람은 앞으로 계속 인기 있는 유명인으로 기억될 수 있을까요?

그리고 이번에는 개인은 물론 기업의 운명과 연관되는 사례입니다. 오늘보다는 조금 지난 어제의 뉴스 속에서 두 가지 뉴스를 기억합니다. 바로 소유주 기업의 부사장과 기업의 CEO로서 최고경영자 2인의 뉴스입니다. 소위 '땅콩 회항', '두 왕자의 난'으로 불리는 뉴스입니다. 지금 회상하는 그 사고와 사건의 발생 이후, 두 기업 그룹의 위상과 경영 성과에는 향후 어떤 변화가 일어날까요? 그런데 불행하게도 제가 예로 든 그 사람들과 그 기업은 평판이 무엇인지 잊어버리고 간과했습니다.

제가 제기한 위의 두 가지 문제와 사례에서의 정답은 바로 '평판'입니다. 지금은 정보 과잉의 시대입니다. 이러한 정보 과잉 시대의 돌파구는 평판 관리입니다.

개인과 기업의 성공을 만들어가는 것은 바로 평판의 힘입니다. 이제 평판을 관리함으로써 나 자신의 가치를 알리고 개발하는 것에 더하여 다른 사람과 조직 사회에도 공유가치를 제공하는 것입니다. 현대사회는 평판 사회입니다. 평판에서 비롯되는 나의 위치와 역할이 그 어느 시대보다 크고 중요해졌습니다. 그래서 평판의 본질을 이해하고, 이제 이 세상에 존재하는 사람, 조직, 상품 모두는 평판 관리를 해야 할 때입니다.

평판 관리는 사람들에게 스스로 최선을 다해 노력하도록 동기를 불어넣는 어떤 의미를 제공해야 합니다. 이것은 사람이 자신이 존중받는 존재이며, 동시에 가치 있는 것을 위해 일한다는 의의를 자각할 수 있을 때 가능합니다. 그렇지만 이것만으로는 부족합니다. 평판 관리는 반드시 다른 사람과의 관계 속에서 그들의 필요와 욕구를 충족시키거나, 사람들의 협력과 도움을 통해서만 성과를 만들 수 있습니다. 그런데 이 사실을 사람들은 종종 간과합니다.

평판이란 나의 일과 활동을 통해서 축적되는 것이고, 다른 사람들의 시선이 모여 그들이 만들어낸 평가 결과입니다. 이 세상 모든 성공과 성취는 평판으로부터 나옵니다. 반면, 평판에서의 위기는 사람과 조직, 사회 모두의 위기가 됩니다.

명성에 따른 평판은 우리가 자부심과 기쁨을 느끼게 하며, 우리에게 부를 가져다줍니다. 하지만 평판을 잃는 순간, 자신에 대한 신뢰와 존경은 곧바로 사라지고, 하늘의 별에서 한순간 나락으로 떨어지며 대중의 배신을 경험하게 됩니다.

평판 관리의 또 다른 소득은 진짜 나를 발견하는 기쁨에 있습니다.
평판을 관리하기 위해서는 스스로 질문을 던져야 합니다.
나는 누구인가? 나는 무엇을 하는가? 나의 진정한 가치는 무엇인가?

우리는 평판 관리를 통해서 자기 삶의 질을 높이는 것은 물론, 인류의 삶을 위해서, 조직과 사회를 위해서 어떤 가치와 혜택을 창조하는지 알 수 있습니다. 나 자신의 평판을 가꾸는 일은 나에 대해서, 더 명쾌하고 투명하게 바라볼 수 있게 하는 일입니다. 그리고 내 이웃과 조직, 사회에 대해서 더 좋게 더 많이 더 풍성하게 공헌할 수 있습니다.

평판 관리의 목적은 자신을 성장시키고 변화시키는 것입니다. 아울러 나 자신의 가치를 개발하는 것에 더하여 다른 이웃과 조직, 사회를 위한 가치를 제공하는 것이며, 더불어 공유가치를 창조하는 것입니다.

당신은 인생에서 무엇이 가장 소중합니까?

이 물음에 대한 답은 한 가지가 아닐 것입니다. 우리가 사는 이 시대에 개인이나 기업의 생존 전략으로써 가장 중요한 요소 중 하나는 평판입니다. 이제 개인이나 기업의 사활은 제품이나 품질, 콘텐츠에만 달려 있지 않습니다. 자신의 성장 스토리와 다른 사람과의 연결과 관계 맺기를 통하여 쌓아가는 평판 만들기에 달려 있습니다.

당신은 지금 주위로부터 신뢰를 얻고 있습니까. 혹은 배신을 겪고 있습니까?

지금 당신의 평판은 어떻습니까?

미래의 경제에서 평판은 돈입니다.

평판 부자, 그것은 당신의 성공을 의미합니다.

5

성공은 스펙이 아니라
평판이 결정한다

기업은 브랜드 관리에 엄청난 투자를 하고 있습니다. 왜 그럴까요?

브랜드 관리란 다른 말로 표현하면 바로 평판 관리입니다. 기업의 평판은 기업의 전반적인 경영에, 더 나아가서는 기업 이윤에 직접적인 영향을 미칩니다. 기업의 경영활동 자체가 '평판 자본'을 쌓아 올리는 것입니다. 개인의 평판도 마찬가지입니다. 성공의 중요한 기회도 평판이며, 실패의 중요한 원인도 바로 평판입니다. 지금 당신의 가치를 말해주는 것이 '평판'입니다.

더 나아가 취업, 이직, 승진 등에서 기업이 가장 중요하게 여기는 것도 스펙이나 능력이 아니라 평판입니다. 경력직 채용이 보편화되면서, 국내에서도 평판이 인재 검증의 수단으로 자리 잡았습니다. 좋은 학력과 경력을 가지고 있더라도 평판이 좋지 않으면, 입사 결정이 취소되는 시대에 평판 관리는, 성공의 지름길임을 인식해야 합니다. 누구나 좋은 평판을 얻고 싶어 합니다. 하지만 모든 사람들이 좋은 평판을 얻을 수 있는 것은 아닙니다. 무엇이 평판의 차이를 만드는 것일까요?

좋은 평판을 만들고 유지하려면 어떻게 해야 할까요?

평판은 내적 요소와 외적 요소가 조화를 이뤄야 완성됩니다. 그런데 많은 사람이 눈에 드러나는 외적 요소가 전부인 양 인식하고 있습니다. 그러나 눈에 띄지는 않지만, 내적 요소가 평판에 끼치는 영향이 외적 요소 못지않습니다. 눈에 드러나는 화려한 이력서가 주관적인 한마디의 평판에 의해, 결과가 바뀌는 경우가 수없이 많습니다.

인크루트의 발표 자료에 따르면, 국내 대기업의 57%는 경력사원 채용 시 평판 조회를 시행하고 있으며, 그중 95%는 그 평판 조회 결과를 채용 의사결정에 적극적으로 반영하고 있다고 합니다.

아무리 능력이 출중한 사람이라도 '좋은 평판'을 얻는 데 실패하면 인정받을 수 없습니다. 반면에 능력은 다소 부족하더라도 '좋은 평판'을 얻어낸다면 그는 어느 조직에서건 환영받는 인물, 존경받는 인물이 될 수 있습니다. '좋은 평판'은 사람을 만나고 사귀는 데 있어서 필요충분조건일 뿐만 아니라 많은 사람으로부터 인정받고, 또 그들과 '좋은 인맥'을 유지하는 핵심 요소이기도 합니다. 아울러 좋은 평판은 누구나 마음속에 품고 있는 성공하고 싶고, 돈을 많이 벌고 싶은, 경제적, 사회적 욕망을 채워줍니다. '좋은 평판'이라는 핵심적 요인을 빼놓고, 좋은 인맥을 만드는 것, 성공을 이루는 것, 만족스러운 삶을 영위하는 것 모두가 불가능합니다.

반면에 개인이 갖는 '나쁜 평판'은 어떤 결과를 가져올까요?

작곡가 하이든은 인생에 있어서 성취하기 어려운 세 가지로 첫째 명성을 얻는 것, 둘째 살아 있는 동안 명성을 유지하는 것, 셋째 죽은 뒤에도 명성을 보유하는 것이라고 했습니다. 사회적으로 저명한 정치인이나 기업인 혹은 인기 스타나 유명인이 어느 날 갑자기 사회적, 경제적 문제를 일으키는 사례를 자주 보고 있습니다. 구속되거나 언론에 폭로돼, 오랫동안 쌓아온 명성을 하루아침에 잃어버리고, 명성을 먼지로 날려버리는 것이죠.

기업이나 조직, 개인도 평판에 치명적인 결함이 생기면, 돌이킬 수 없는 엄청난 타격을 입게 됩니다. 예를 들면 회사 내부에서는 성과와 실적에서 큰 공로를 인정받는 유능한 직원도, 거래처에 돈이나 접대를 과도하게 요구한 사실이 밝혀진 순간, '부도덕한 사람'으로 낙인찍히게 됩니다. 외부로 드러난 평판 앞에서 회사도 그를 보호해줄 수 없으며, 주변 동료들로부터 받는 따가운 시선도 감당하기 어려울 것입니다. 뿐만 아니라 해고자 리스트에 올라, 경제적 손실은 물론 가족 해체로까지 이어지는 경우도 있습니다. 이렇듯 나쁜 평판은 한 개인의 삶을 송두리째 뒤흔들어버릴 수 있습니다.

현재 당신의 평판은 어떠합니까?

당신의 평판이 회사 내부적으로나 외부적으로 좋은 편인가요? 그렇다면 당신의 좋은 평판은 당신에게 안정적인 직장생활과 승진, 높은 연봉을 보장해줄 것입니다. 또한 주변 사람들로부터 유형, 무형의 경제적 도움을 쉽게 얻을 수 있을 것입니다.

성공은 '능력'이 아니라 '평판'으로 결정된다는 것을 잊지 마시기 바랍니다.

6

성공하고 싶다면,
나를 마케팅하라

마케팅은 무엇일까요?

마케팅이란 본래 기업이 시장에서 자신의 상품을 팔리게 하기 위한 수단으로 행하는 모든 기업활동을 의미합니다. 즉 마케팅이란 시장에서 기업 이익과 소비자 가치의 교환이 일어나도록 돕고, 기업과 소비자가 서로 소통할 수 있도록 하며, 고객에게 기업의 제품과 서비스를 이해하도록 하는 관리 과정이라 할 수 있습니다.

2017년 미국 마케팅학회(AMA)는 마케팅 환경 변화에 따라 마케팅을 새롭게 정의했습니다.

"마케팅은 고객, 클라이언트, 파트너 및 사회 전반에 걸쳐 가치가 있는 제품을 만들고, 전달하고, 교환하기 위한 활동, 기관 및 프로세스다."(AMA, 2017)

새로운 마케팅 정의의 주요 특징은 다음과 같습니다.

첫째, 고객, 파트너, 사회 모두에게 가치 있는 시장 제공물을 창출, 커뮤니케이션, 전달하는 과정을 핵심 개념으로 하며, 마케팅 활동으로 개인과 조직이 추구하는 목표를 가치의 창출과 강화로 보고 있습니다.

둘째, 마케팅 믹스를 개발, 관리하는 과정을 마케팅 활동으로 보는 협의의 시각에서 고객에게 가치 있는 시장 제공물을 창출, 커뮤니케이션, 전달하는 과정을 마케팅 활동으로 보는 포괄적 관점으로 전환했습니다. 여기서 시장 제공물이란 고객의 욕구를 충족시키기 위해 조직이 시장에 제공하는 제품, 서비스, 정보, 그리고 경험의 조합을 말합니다.

셋째, 마케팅을 실행하는데 고객뿐만 아니라 기업의 파트너와 사회 전체를 염두에 두어야 한다는 점을 명시적으로 기술하고 있습니다.

마케팅에 대한 새로운 정의가 시사하는 바는 경쟁사보다 나은 시장 제공물의 개발로 높은 고객 가치와 고객 만족을 일관성 있게 전달함으로써 고객들과 강력한 유대 관계를 유지, 강화하는 것을 마케팅 목표로 삼아야 한다는 것을 강조한 것입니다.

퍼스널 마케팅은 나의 가치를 만들고 알리는 것입니다. 이렇게 보면 퍼스널 마케팅 역시 기업 마케팅처럼 동일한 콘셉트로 개인이 시장에서 사람들과 관계를 맺고 교환가치를 알리는 활동임을 알 수 있습니다. 마케팅은 한마디로 상품 매매가 활발하게 전개되도록 기름을 붓는 행위라 할 수 있습니다.

이제는 (개인)브랜드의 시대입니다. 평생직장이 사라진 지금 시대는 나 자신을 브랜드화 하는 것이 현재를 살아가는 핵심입니다. 이 세상의 모든 것은 브랜드로 존재합니다. 기업과 상품은 물론이고 개인도 브랜드가 중요해졌습니다. 모든 사회 현상이 더 복잡해지고, 더 정교해지고, 더 다양화된 치열한 경쟁 시대에 눈에 띄지 않는 것은 도태되며 경쟁력 없는 두루뭉술한 사람은 살아남을 수 있는 공간이 별로 없습니다.

이제는 경쟁력 있는 인재와 적극적인 개인만이 살아남습니다. 이 시대의 필요한 인재는 누구입니까? 그것은 바로 브랜드화된 사람입니다. 이름만 대면 누구나 알 법한 사람이며 이런 사람을 전문가 혹은, 유명인이라고 부릅니다.

세상은 끝없이 변화합니다. 그래서 오늘의 어리석은 판단, 행동이 내일의 어리석은 실수로 돌아올 수 있습니다. 우린 이런 변화의 흐름을 놓치지 않고, 세상에서 도태되지 않기 위해서 끊임없이 준비하고 남다른 나로 살기 위해 노력해야 합니다. 불확실한 미래를 대비하는 가장 좋은 방법은 나 자신이 브랜드가 되는 것입니다. 그것만이 급변하는 세상에 대처하는 유일한 방법이기 때문입니다. 세상이 아무리 경쟁이 치열해도 나만의 쓰임과 가치를 갖고 있다면 생존경쟁에서 살아남을 수 있으며, 이 사회의 승자와 리더가 될 수 있습니다.

그럼 어떻게 고객(소비자)의 마음을 얻을 수 있을까요?

기업의 마케팅 즉 시장에서의 성공은 차별화된 상품을 제공하는 것입니다. 그리고 고객에게 '무엇을 말할 것인가'와 함께, 고객과 '무엇을 함께 나눌까'를 고민해야 합니다. 그렇듯이, 나를 마케팅하기 위해서는 먼저 준비되어야 할 것이 있습니다.

첫째, 내가 누구인지를 규정하여야 되겠습니다. 나의 아이덴티티가 무엇인지 확인하여야 합니다. 나의 비전과 나의 역량, 나의 태도와 나의 신념, 그리고 내가 무엇을 이루고 무엇을 하려고 하는지를 밝히는 것입니다.

두 번째, 나의 강점은 무엇인지, 나에게는 어떤 기회가 있는지 알아보아야 합니다.

세 번째, 내가 나아갈 방향을 정하고 나만의 차별성을 만드는 것입니다.

네 번째, 나를 대신해 나를 세상에 알려줄 멘토와, 나를 소개할 친구를 만드는 것입니다

그리고 마지막, 중요한 것은 바로 자신을 스스로 광고하고, 피알(PR)하는 일입니다.

자, 다음 이야기를 상상해봅시다.

첫 번째 이야기입니다.

당신은 파티에서 끝내주는 여자를 봤습니다. 당신이 그녀에게 가까이 다가가서 "나는 돈이 많아, 나랑 결혼해줘!"라고 말합니다. 그것은 광고입니다.

두 번째 이야기,

당신이 한 무리의 친구들과 파티에서 끝내주는 여자를 봤습니다. 당신

의 친구 중 한 명이 그녀에게 다가가서 당신을 가리키며, "그는 돈이 많다. 그와 결혼해."라고 말합니다. 그것은 피알(PR)입니다.

내가 하는 광고와 남이 해주는 피알이 모두 나의 마케팅이 됩니다.

(여기서 잠시 위의 이야기 속의 주인공인 나는 어떻게 될지 상상해보기 바랍니다. 과연 결혼에 성공할 수 있을까요? 만약 그 끝내주는 대상이 내가 부자인 것에 관심이 없다면 실패의 확률은 높아질 것입니다. 아니면 반대로 부자에 관심이 많았다면 성공의 확률은 높아질 것입니다.)

나를 마케팅하는 것, 그것은 다름 아닌 나를 적극적으로 알리는 행위입니다. 나를 알리는 것, 그것은 나의 가치, 내가 가진 것을 알리는 것입니다. 아니 그보다는 그가 가질 수 있는 것을 알려야 합니다. 그것은 나의 가능성과 나의 잠재력이 되어야 합니다. 그것은 또한 나의 창의력이기도 합니다. 반면 그것이 그에게 꼭 필요하고 정말 가지기 원하는 것이면 더욱 좋겠습니다.

보이지 않는 나를 보이게 하는 힘, 그것은 나를 브랜딩하는 것입니다. 이제는 개인도 명품만이 살아남는 시대가 되었습니다. 무한경쟁 시대에 성공을 꿈꾼다면 나 스스로가 명품 브랜드가 되어야 합니다.

지금은 뉴미디어의 시대 더 나아가 소셜 네트워크 서비스(sns)의 시대입니다. 블로그에 페이스북에 트위터에 자신의 관심을 알리고, 그것을 친구와 함께 나누어 가져야 합니다.

콘텐츠의 홍수, 미디어의 과잉 시대에 나 자신을 어떻게 마케팅하겠습니까?

개인의 슈퍼브랜드는 어떻게 탄생하고 이루어질까요?

퍼스널 평판 관리의 관점에서 나를 어떻게 마케팅할 것입니까?

'브랜딩', 더 나아가 '퍼스널 평판 관리'는 몇 개 단계와 과정을 통해 이루어집니다. 평판 관리를 연구하는 학자에 따라 다양한 평판 구축의 프로세스와 평판 형성 모델을 제시합니다. 이 책에서는 그중에서도 퍼스널 평판 구축에 적합한 다울링의 모델을 변용해서 소개합니다.

먼저 평판과 관련된 유사 개념에 대해 다음과 같이 정의하기로 합니다.

- 정체성 : 개인이 자신을 확인시키기 위해서 사용하는 브랜드 심벌과 명명법—이름(별칭 포함), 슬로건, 용모, 성격, 태도, 복장 기타, 특징과 상징 등.

- 이미지 : 사람들이 개인에 대해 가지는 넓은 의미의 선호 평가와 인상, 느낌이나 믿음.
- 명성(평판) : 값으로 추정되는 가치-소득과 연관되는 기술, 재능, 매력과 같은 것으로 이미지로부터 환기된 것.
- 슈퍼 브랜드 : 명성(평판)으로부터 생긴 사람들의 지지, 확신과 신뢰, 존경, 충성심 등.

다울링의 모델은 개인의 브랜딩은 정체성-이미지-명성-슈퍼브랜드의 단계로 이루어지며 사람들과의 관계 형성에서 비롯된다고 밝혔습니다. 다울링에 따르면, 잘 만들어진 개인의 정체성은 사람들에게 개인의 특징과 상징을 연결할 수 있으며, 이러한 개인의 정체성은 사람들이 개인에 대해 가지는 호불호의 선호 감정과 지지와 배척의 이미지를 상기시키도록 돕는다는 것입니다.

개인의 이미지는 개별 정체성에서 비롯된 논리적인 요소와 감성적인 요소로 구성되며, 사람들은 이러한 2가지 요소를 통해 개인 이미지를 형성하게 됩니다. 개인에 대한 신념이나 감정과 개인의 행동과 말에 대한 약속이 사람들의 가치와 일치한다면 그들은 개인에 대한 좋은 명성(평판)을 형성하게 됩니다. 이는 내부·외부 이해관계자 모두에게 해당됩니다. 좋은 평판은 축적되어 결국 이미지와 완벽한 적합도를 보여주도록 돕습니다. 이는 다시 개인에 대한 지지와 신뢰로 굳어지고 더 나아가 존경심과 충성심까지 얻는 슈퍼 브랜드로 완성됩니다.

변화의 파도에 휩쓸려 미지의 바다로 떠내려가기보다는 변화의 작은 실마리를 기민하게 낚아채고 스스로 변화를 주도하는 일이 매우 중요합니다. 그래서 경영학의 대가 피터 드러커는 "미래를 예측하는 가장 정확한 방법은 직접 미래를 만드는 것"이라고 했습니다.

당신은 어떤 사람입니까? 당신은 어떤 일을 하려고 합니까? 당신은 어떤 가치로 나를 이롭게 합니까? 이 모든 정보를 누가 알고 있습니까?
개인 브랜딩은 개인이 어떤 사람이고, 무엇을 위해 존재하는지에 대한 단일하고 명료한 존재의 이유를 밝혀주는 작업입니다.
성공을 원합니까? 그렇다면 당신이 가장 먼저 해야 할 일은 나를 마케팅하는 일입니다.

인지도라는 강력한 기반

잭 웰치, 워런 버핏, 스티브 잡스, 빌 게이츠, 도널드 트럼프, 리처드 브랜슨, 오프라 윈프리, 제니퍼 로페즈, 메시, 호나우두, 데이비드 베컴 등의 유명세는 어떻게 만들어지고 유지되었을까요?

위에 열거한 이름들은 서로 다른 분야에 몸담고 있지만, 높은 '인지도', 또는 탁월한 '존재(개인)'라는 강력한 기반 위에 놓여 있다는 공통점이 있습니다. 기업체 회장이나, 연예인, 스포츠 스타, 정치인 등도 인지도에 따라 각각의 명성으로 인한 영향력을 발휘하고 그에 대한 보상으로 부와 명예, 권력까지 갖게 됩니다. 이름을 알린 유명인들은 대중의 호기심을 강하게 자극하고 높은 몸값을 받으며 승승장구하는 모습을 연출합니다. 하지만 한순간의 잘못이나 치명적 실수로 명예가 실추되면 그런 인지도는 더 이상 사람들의 관심을 끌 수 없는 낡은 인기가 되어 버립니다.

과거에는 퍼스널 브랜딩이 유명 연예인이나 스포츠 스타에 국한된 것으로 인식되었지만, 지금은 어느 분야를 막론하고 인지도 확대와 퍼스널 브랜딩 구축이 사회에서 성공하고 시장에서 경쟁우위를 달성하는 지름길로 통합니다.

개인의 인지도와 유명세는 브랜드 가치를 높이는 마케팅으로 가격 탄력성이 높아져 몸값을 올리고 수입을 높이는 바로미터가 되고 있습니다.

SELF MARK ETING

Part 2

성공을 부르는
셀프 마케팅
실전 6스텝

1

포지셔닝 :
나의 가치는 어디에 있는가?

최근 몇십 년 동안 광고와 마케팅 분야에서 가장 핵심적 키워드를 찾는다면, 그것은 바로 '포지셔닝'입니다. 포지셔닝은 광고와 판매, 마케팅에 종사하는 사람들만 사용하는 전문 용어 그 이상입니다. 포지셔닝은 기업과 상품을 떠나 이제는 성공을 원하는 모든 사람에게 필요한 성공 전략의 콘셉트입니다.

원래 포지셔닝이란 잠재고객의 마음에 해당 제품의 위치를 잡아주는 것입니다. 새로운 정의를 하면 잠재고객의 마음에 자기 자신을 차별화하는 방식이라고 할 수 있습니다. 그리고 포지셔닝은 커뮤니케이션에 대한 새로운 접근 방식이라 할 수 있습니다.

기업과 상품이 잠재 고객의 마음속에 자리 잡고 그 브랜드가 불리는 것, 한 개인이 사회적 명성과 평판을 얻고 자기 이름이 기억되고 불리는 것, 또한 기업, 제품, 개인의 속성과 가치가 타인의 마음속에 자리 잡는 것, 이것이 바로 포지셔닝입니다. 누구든 포지셔닝 전략을 잘 활용한다면, 인생이란 게임에서 앞서 나갈 수 있습니다.

그럼 상품의 브랜드와 개인의 이름을 어떻게 포지셔닝할 수 있을까요? 포지셔닝하기 위한 몇 가지 접근 방식을 살펴보겠습니다.

첫째, 선도성의 법칙입니다.

사람들의 마음에 들어가는 가장 손쉬운 방법은 어떤 분야에서 첫 번째가 되는 것입니다. 광고에서는 최초로 포지션을 구축한 상품이 엄청난 이점을 누립니다. 개인도 자기 분야에서 첫 번째로 인식될 수 있는 방법을 찾는다면 성공으로 가는 지름길이 될 것입니다.

포지셔닝하기 위해 가장 먼저 할 일은 자신이 가장 먼저 들어갈 수 있는 카테고리와 영역을 찾는 것이라 할 수 있습니다. 상품이든 개인이든 포지셔닝을 할 때는 첫 번째가 되는 것이 가장 좋은 방법입니다.

둘째, 차별성의 법칙입니다.

남과는 구분되는 나만의 특별한 것, 유일한 것을 만드는 것입니다. 인생에서는 이것은 남들이 가지 않는 좁은 문으로 들어가는 것입니다. 시장으로 비유하면, 틈새시장을 찾는 것입니다. 비어 있는 구멍을 찾아서 그곳에 자리를 만드는 것입니다. 상품의 속성과 특징에서의 차별성, 가격의 차별성, 크기의 차별성, 성별과 연령의 차별성 등 기업도 상품도 개인도 경쟁자가 가지지 않은 무언가 다른 것을 발견하고 찾아내는 것입니다.

셋째, 일원성의 법칙입니다.

강력하고, 독특하고 호의적인 한 가지, 둘이나 셋이 아닌 하나에 매진하는 것이 중요합니다. 이것은 또한 단순성의 법칙이기도 합니다. 포지셔닝에서 가장 중요한 것은 많은 것을 알리고 기억시키는 것이 아닙니다. 복잡한 것이 아니라 간단하고 단순한 한 가지 콘셉트에 집중해야 합니다. 심플한 한 가지 분야, 하나의 영역, 하나의 카테고리로만 마음속에 자리 잡는 것입니다.

넷째, 일관성의 법칙입니다.

브랜드의 명성은 하루아침, 하룻밤에 구축되지 않습니다. 또한 한번 정한 주장은 바뀌어서도 안 됩니다. 일단 선두 주자로 구축된 리더십 이미지, 그 포지션을 계속 유지하기 위해서는 그 오리지널 콘셉트를 유지하고 강화하는 것입니다. 포지셔닝에서 성공하려면 그 무엇보다 처음과 끝이 같아야 합니다. 해가 가고, 또 해가 가도 한번 정한 포지션은 고수해야 합니다.

다섯째, 가시성의 법칙입니다.

브랜드는 품질도 중요하지만, 품질만으로 구축되지는 않습니다. 우리가 브랜드를 정착시키는 브랜딩을 위해서는 모양과 색깔을 차별화한 디자인을 만들고, 상징과 캐릭터를 만들기도 합니다. 그 브랜드와 어울리는 상징과 이미지를 창조하는 것입니다. 한마디로 기억될 만한 비주얼을 만들어내는 것입니다. 또한 가시성은 미디어에 노출되는 것입니다. 가급적 잦은 노출 빈도와 효과적인 반복 노출이 필요합니다.

여섯째, 고지성의 법칙입니다.

포지셔닝의 출발점은 커뮤니케이션입니다. 모든 고유명사는 움직이는 동사에 의해 완성됩니다. 브랜드와 이름의 속성과 효용 그리고 가치를 알리는 것입니다. 브랜드가 가지는 속성과 가치를 하나의 낱말, 하나의 문장, 커뮤니케이션 언어로 만들어 주장해야 합니다.

커뮤니케이션 슬로건, 커뮤니케이션 캠페인을 만들고, 브랜드 탄생을 알리는 광고와 홍보에 의해서 포지셔닝은 시작되고 완성됩니다.

기업이나 상품이 그리고 개인이 타인의 마음속에 잘 자리 잡는 것이 포지셔닝입니다. 잘 자리 잡게 하기 위해서 선한 동사, 아름다운 동사들이 자주 등장하는 것이 좋을 것입니다.

2

브랜딩 :
부를 만들고 기업을 키우는 성장 엔진

21세기는 '브랜드'의 가치가 가장 중요한 시대입니다.

모든 제품과 서비스, 기업과 개인의 명성은 브랜드로 완성됩니다.

21세기 시장에서 기업이나 개인이 성공하기 위해서, 점점 더 마케팅이 중요해지고 있습니다. 그 마케팅의 모든 과정 중에서 가장 핵심은 무형의 마케팅 자산인 브랜드 관리입니다. 브랜딩, 즉 브랜드 만들기는 기업과 조직은 물론 개인에게도 생존과 발전의 기초이자 토대입니다.

브랜드는 기업과 개인의 기술력과 상품력, 마케팅 능력이 만들어내는 핵심 가치입니다. 브랜드는 부를 만들어내고 기업을 키우는 성장 엔진입니다.

　브랜드의 가치평가는 무형자산으로서의 브랜드를 재무와 마케팅 관점으로 계량화하여 금액으로 환산하는 것입니다. 즉 기업 브랜드 가치는 매출액과 브랜드 인지도 등의 요소로 결정하고, 국가 브랜드에서는 국가의 수출액과 관광 수입액, 설문조사에 따른 국가별 친근도 등을 따져서 결정합니다. 그렇다면 개인의 브랜드 가치는 한 사람이 일 년 동안 벌 수 있는 소득이나 연봉 등으로 알 수 있을 것입니다.

　인터브랜드가 발표한 '2020년 세계 100대 브랜드'에서 1위부터 7위까지의 브랜드 가치를 살펴보면 1위가 애플, 2위가 아마존, 3위가 마이크로소프트, 4위가 구글, 5위가 삼성, 6위가 코카콜라, 7위가 도요타 등으로 나타나고 있습니다.

　대한민국 KOREA의 국가 브랜드 가치는 얼마나 될까요?

　브랜드파이낸스가 발표한 '2020년 세계 주요 국가 브랜드 현황'에 따르면, 1위는 미국(23조 7,380억 달러)이고, 그다음으로 중국(18조 7,640억 달러), 일본(4조 2,610억 달러), 독일(3조 8,130억 달러), 영국(3조 3,150억 달러), 프랑스(2조 6,990억 달러), 인도(2조 280억 달러), 캐나다(1조

9,000억 달러), 이탈리아(1조 7,760억 달러)가 뒤를 잇고 우리나라는 10위(1조 6,950억 달러)를 기록하고 있습니다.

위의 결과에서 알 수 있듯이 기업의 경쟁력이 국가의 경쟁력이며 기업의 브랜드 가치가 국가의 브랜드 가치를 이끌고 있음을 알 수 있습니다.

브랜드의 명성과 평판이 기업을 성장시키고, 우리를 부자로 만들 수 있습니다.

1988년 다국적 기업 필립모리스가 미국의 유명 식품회사인 크래프트 사를 인수하면서 실물 자산 가치인 공장 설비 등 평가금액의 6배에 해당하는 130억 달러를 지급하였습니다. 그때 자신들은 기업이 아니라 '크래프트'라는 브랜드를 구매하였다는 사실을 강조했습니다. 이것은 브랜드가 얼마나 가치가 있는가를 보여주는 대표적인 사례입니다.

이름 짓기, 제목 정하기. 이러한 네이밍이 개인 역량 중 핵심 역량이라 말할 수 있습니다. 기업이든 개인이든 이름을 지어내는 능력이나, 이벤트, 프로젝트 등 각각의 사안에 꼭 맞는 제목을 붙이는 능력은 브랜드의 창조적 역량을 발현하는 것입니다.

오늘날 세계에서 가장 브랜드 가치가 높은 기업 중 하나인 애플(Apple)은 스티브 잡스가 직접 만든 브랜드입니다. 그는 새로운 프로젝트의 모든 과정을 세심히 살피기로 유명했고, 그중에서도 특히 제품 이름, 서비스센터 이름 등 네이밍에 대해서는 절대 양보하지 않았다고 합니다.

저명한 광고학자 래리 라이트(Larry Light)는 "21세기 기업 경쟁은 '공장'이 아니라 '시장'을 차지하기 위한 싸움이며, 그 시장은 소비자 마음에 자리 잡은 '브랜드'가 결정한다."라고 지적했습니다.

부의 나라, 즉 "'부~랜드'로 가려면, '브랜드'를 키워야 한다."라는 농담이 있습니다. 브랜드는 제품을 표시하는 '상표', 개인의 '이름'으로 인식되는 것 이상의 자산가치를 지니고 있습니다. 브랜드 자산이야말로 현금자산, 노동력을 뛰어넘는 기업과 개인의 핵심 자산이라 할 수 있습니다.

경영 그루인 톰 피터스는 현대의 시장에서 성공하려면 무엇이 필요한가를 말한 적이 있습니다. 그는 "당신이라고 불리는 브랜드(The Brand Called You)"라는 제목의 기사에서 "나이와 관계없이, 자신이 종사하는 비즈니스가 무엇인가에 관계없이, 우리 모두 브랜딩의 중요성을 이해할 필요가 있다."라고 말했습니다. 그는 "우리는 우리 자신이라는 기업, 즉 '주식회사 나' (ME Inc)의 CEO들이다. 비즈니스에서 살아남으려면 당신이 해야 할 가장 중요한 일은 당신이라고 불리는 브랜드의 마케팅 책임자가 되는 것이다."라고도 했습니다.

그렇습니다. 김연아 마이클 조던 같은 유명인도 브랜드인 셈입니다. 당신 역시 브랜드입니다.

하버드대학의 시어도어 래빗은 그의 저서 『마케팅 상상력(The Marketing Imagination)』에서 "보편적으로 차별화되지 않은 수많은 소비재들이 브랜딩이라는 수단에 의해 조작적으로 차별화된다."라고 말했습니다.

그렇다면 브랜딩은 무엇을 의미할까요? 브랜딩은 사물에 가치를 더하고, 대상에 의미를 부여하는 것입니다. 보편적으로 이러한 브랜딩은 커뮤니케이션을 통해 달성되며, 마케터나 광고인이 이러한 역할을 수행하고 있습니다.

그리고 한 브랜드는 여러 가지 다른 것을 의미할 수 있습니다. 이는 그것을 대하는 사람이 누구인지에 달려 있습니다. 즉, 어느 업계에 종사하고 있고, 누구와 이야기하고 있고, 어떤 생활의 태도를 갖고 있고, 무엇을 원하는지, 자신이 누구인가 등에 달린 것입니다.

김춘수의 꽃이란 시에서 표현하였듯이, "내가 너를 꽃이라 불렀을 때 너는 나에게 다가와 꽃이 되었다." 이렇듯이 한 브랜드는 그것을 부르는 누군가의 마음속에 자리 잡은 의미와 가치입니다. "나는 너에게, 너는 나에게 하나의 의미"가 되어야 합니다.

시장에서 살아남고, 부를 만들고, 성공하려면 무엇이 필요할까요?

브랜드를 마케팅하는 것, 브랜드를 포지셔닝하는 것, 그보다 중요한 것은 없습니다.

브랜드의 기원

　브랜드는 과거 앵글로 색슨족이 인두를 달구어 자기 소유의 가축에 낙인을 찍는 것에서 유래합니다. 그 후 브랜드는 차별과 형벌의 표식으로 사용됩니다. 이제 브랜드는 판매자의 상품(제품+서비스)을 구별하는 데 사용되는 모든 것을 총칭하는 개념입니다. 즉 소리 내어 읽을 수 있는 브랜드 네임, 기호와 같은 상징이나 마크, 디자인으로 표현한 포장과 용기 제품 모양 등 상표권 전체입니다.

　이처럼 '소유'에서 시작된 브랜드의 개념은 산업혁명을 거치고 상거래가 발달하면서 '신용'을 나타내는 개념으로, 한 걸음 더 나아가 무형의 가치를 지닌 '평판재산'의 개념으로 발전했습니다.

　곧 브랜드는 단순히 상품에 부착되거나 상품을 지칭하는 이름이 아니라 상품에 의미를 부여하고 시장을 지배하는 상징이 된 것입니다. 그래서 지금은 기업의 매수 합병에서는 브랜드 자체와 관련해 상당한 대가를 지불해야 하는 자산으로 인식되고 있습니다.

3

성공적인 브랜드를 만드는 3가지 법칙

첫 번째, 메시지를 창조하라

브랜드는 메시지와 이미지로 표현됩니다. 브랜드 가치를 메시지로 만들고 표현하십시오.

메시지는 브랜드 관리의 포지셔닝에 사용할 커뮤니케이션 콘셉트를 말하며 평판 관리의 기반으로써 자신의 차별성을 전달하는 데 사용되는 가장 핵심 수단입니다. 즉 자신의 특징과 강점을 부각하는 슬로건, 독특한 트레이드 마크를 만드는 것입니다.

다음 네 가지는 개인 브랜드에 사용할 이미지 콘셉트의 특징입니다.

첫째, 능력자산 : 공상하기, 상상하기, 만들기, 생각하기 등 관점과 인내심, 끈기, 용기, 특별한 기술 등 경쟁력

둘째, 지식자산 : 역사, 문학, 철학, 인문학에 대한 지식, 지리, 물리, 화학, 생물, 천문자연과학 지식 등 정보 수집과 다양한 지식 축적 자산

셋째, 감성/태도자산 : 공감능력, 작은 차이에 민감, 다른 감성에 민감, 우호성, 외향성, 개방성, 성실성 등 태도와 감각

넷째, 인맥자산 : 나를 통해 만날 수 있는 가족, 친지, 동료, 멘토(스승, 선배), 셀럽(유명인) 등

브랜드는 메시지로 출발하며 메시지는 콘셉트로 시작합니다.

브랜드는 유기체이므로 사람들과 공감을 나누고, 함께 숨쉬며, 삶에 녹아들게 마련입니다. 그런데 어떤 콘셉트들은 공감을 넘어 사람들의 심장에 새겨지는 것들이 있습니다. 상품의 경우 제품의 판매 콘셉트에 끝나지 않고, 개인의 일기장에 쓰여지기도 하고, 인생을 바꾸는 삶의 모토가 되기도 합니다. 또 페이스북이나 카카오톡 프로필에 쓰이기도 합니다. 오프라인 모임에서 사람들에게 자기를 소개할 때 자기를 대변하는 슬로건을 만드십시오.

유명 브랜드는 자신의 본질을 콘셉트로 표현하고 보여줍니다. 콘셉트는 '자신이 추구하는 어떤 것'을 보여주며, '자신이 가고자 하는 방향'을 제시합니다. 물질적인 추구(소유)와 정신적인 측면(존재) 두 가지를 나타냅니다.

특히 리더가 되는 브랜드는 본질을 다루는 게 좋습니다. 본질을 보여주는 리딩 브랜드의 메인 콘셉트는 "도대체 왜 너라야 해?"라는 질문에 "왜냐하면 이러니까."라고 대답합니다. 콘셉트는 물음에 대한 명쾌한 대답을 해야 하고 본질을 알려주어야 합니다.

Just do it(바로 시작하라) – 나이키

Think different(다르게 생각하라) – 애플

Stay hungry, Stay foolish(늘 갈망하라, 늘 우직하라) – 스티브 잡스

두 번째, 플랫폼을 이용하라

브랜딩에 필요한 플랫폼이란 메시지를 전달하는 미디어 채널과 도구들입니다. 전통적 매스 미디어와 함께 소셜 네트워크서비스 채널(페이스북, 트위터, 유튜브, 블로그, 홈페이지) 등이 포함됩니다.

플랫폼은 당신이 이용할 미디어 자체입니다. 디지털 ICT 기술의 발전으로 새로운 미디어 환경이 구축됨에 따라 메시지를 실어나르는 미디어 채널에도, 커뮤니케이션 방법에도 급격한 변화가 이루어지고 있습니다. 이제 이야기와 정보를 전달하고 공유하는 미디어는 그 자체로 '권력'이자 '돈'인 세상입니다. 미디어 변화의 트렌드에 맞춘 플랫폼 전략이 더 없이 중요합니다.

설립된 지 10년이 넘은 페이스북의 2020년 기준 월간 사용자 수는 18억 4천만 명으로 종이 신문과 같은 기존 매체는 상상조차 할 수 없는 파급력을 자랑하고 있습니다. 이런 초연결 현상은 현재 진행형으로 계속 발전하고 있습니다.

1) 소셜 퍼스트 … SNS로 공유하라

지금은 동영상 하나가 유튜브에서 1,000만 클릭이 나오는 시대, 페이스북이 모바일 상에서 구글의 지배력을 능가하는 시대, 기사마다 카카오톡, 페이스북 등의 공유 링크가 걸려 있는 시대, 바로 소셜 미디어의 전성시대입니다.

이에 따라 기업의 상품 홍보나 마케팅은 물론 개인의 브랜딩 구축에도 소셜 미디어 활용을 최우선으로 하는 '소셜 퍼스트' 정책을 써야 합니다.

2) 모바일 온리 … PC는 잊어라

전 세계적으로 모바일 기기 이용률이 PC이용률을 넘어섰습니다. 광고·PR시장 역시 2019년부터 모바일이 PC를 넘어섰습니다. 이제 지상파 TV와 종이 신문으로 대변되는 '레거시 미디어(전통 매체)'는 진짜 과거의 유산이 될지도 모릅니다.

3) 테크저널리즘 … 기술과 뉴스, 정보의 융합

스낵컬쳐, 카드뉴스, 로봇과 드론 저널리즘, 스토리펀딩, 인스턴트 아티클, 라이브 비디오 등 이제는 누구나 한 번쯤 들어봤을 법한 단어입니다.

모바일 혁명으로 기성 언론의 위기가 예견되는 시대에 도리어 개인이 생산하는 카드뉴스와 유튜브 영상은 홀로 폭발적인 인기를 누리고 있습니다. 이러한 시민기자의 개인 뉴스가 언택트 시대와 겹쳐 카메라나 줌 등 새로운 기술과 장비를 만나며 날로 진화하고 있습니다. 심지어 로봇, 인공지능, VR, 드론 등을 활용한 보도가 일상이 되어 손 안에서 펼쳐집니다. 개인이 펼치는 '테크저널리즘'도 이제 막 꽃을 피우고 있습니다.

세 번째, 네트워크를 연결하라

모든 메시지는 채널을 통해 네트워크와 중계자를 매개로 확산됩니다.

메시지 전달의 가장 강력한 요소는 이해관계자와의 관계를 연결하는 것입니다.

브랜딩 활동의 중심이 메시지라면 네트워크는 메시지를 이동시키는 통로입니다. 네트워크가 없으면 어떤 브랜딩도 쌓을 수 없습니다. 네트워크는 다양한 이해관계자 집단의 구성과 특성에 따라 만들어가는 커뮤니케이션의 연결 고리입니다.

네트워크를 좌우하는 변수는 다양합니다. 이해관계자 중에서도 서로 얼마나 잘 알고 있는지 관계의 밀도의 정도가 중요합니다. 또한 강한 연결인지 약한 연결인지 결속의 정도가 중요하며, 단순한 연결자인지 영향을 미치는 인플루언스인지 네트워크에서 담당하는 중계자 역할도 중요합니다. 과거에는 세상이 간단해서 한두 명의 사람이면 문제를 해결할 수 있었습니다. 그러나 지금의 세상은 과거와는 비교할 수 없을 정도로 복잡해졌습니다.

브랜딩에 필요한 네트워크 관계마케팅을 위해서 우선 고려할 사항을 살펴봅시다. 그것은 네트워크의 인맥 관계를 구체화하는 일입니다. 나의 이해관계자를 분류하고 이들에게 어떻게 대응해야 하는지를 정해야 합니다.

1) 적극적 지지자

나와 관계를 맺고 있는 사람들은 크게 세 그룹으로 구분됩니다. 첫 번째는 적극적 지지자입니다. 이들을 보통 애드보케이터(advocator)라고 합니다. 이들은 시키지도 않았는데 나에 대하여 긍정적인 구전을 하고 있는 사람들입니다. 가족이나 연예인의 팬클럽이 여기에 해당됩니다.

이들은 자발적으로 모여서, 그 사람의 장점을 찾아 서로 정보를 공유하고 단점을 모니터해주는 긍정적 지지자들입니다. 이들이 많으면 많을수록 개인 브랜딩은 효과적입니다. 이들에게 기대할 수 있는 효과는 구전을 많이 유발하는 것인데, 소위 입소문을 좋게 해주는 역할이 될 것입니다.

2) 중도 관망자

다음은 중도 관망자입니다. 일반적으로 이들을 스위처(switcher)라고 부르는데, 긍정적 반응을 보이기도 하고 부정적 반응을 보이기도 합니다. 경우에 따라서는 중립적이기도 합니다. 일반적으로 긴밀한 관계에 있지 않은 사람들이 여기에 해당합니다.

이들은 나에 대하여 특별히 우호적인 감정이 있지도 않고, 부정적인 감정이 있지도 않은 사람들입니다. 이들과의 관계에서 중요한 것은 나에 대한 감정을 점차 우호적으로 만들어가는 것입니다. 그렇다고 이들 모두를 적극적 지지자로 만들 수는 없을 것입니다. 다만 전반적으로 우호적인 감정을 갖게 함으로써 지지 세력을 보다 폭넓게 만들어가는 데 목적을 두어야 합니다. 중요한 것은 이 집단의 사람들에게 절대로 부정적 인식을 심어주지 말아야 한다는 것입니다.

사람은 열 개의 긍정적 정보보다는 하나의 부정적 정보에 훨씬 민감하게 반응합니다. 이것을 보통 부정편향(negativity bias)이라고 합니다. 브랜딩을 위해서 누구에게든 절대로 부정편향이 일어나게 해서는 안 됩니다. 이들은 나에 대해서 우호적인 집단이 아니므로, 약간의 부정적 정보를 접하게 되면 이를 중심으로 나에 대한 정보 전체를 왜곡할 가능성이 크기 때문입니다.

3) 부정적 적대자

다음은 부정적 적대자입니다. 이들은 보통 디펙터(defector)라고 부릅니다. 직역하면 떠나가는 사람이라는 뜻입니다. 내가 싫어서 반대편으로 가버렸다는 의미입니다. 이 사람들은 나에 대한 긍정적 정보에는 별 관심을 두지 않습니다. 하지만 부정적인 정보에는 매우 민감한 집단입니다. 이들의 마음을 돌리기는 매우 어렵습니다. 왜냐하면 일단 마음이 떠나버렸기 때문입니다. 그렇기에 이들로부터 '내가 어떻게 하면 사람들이 나로부터 떠나버리는가'를 배워서 그런 일이 다시 일어나지 않도록 행동해야 합니다.

4

이미지,
내 삶의 콘셉트

기업이나 제품은 성공적인 마케팅을 하기 위해 광고를 수행할 때, 차별화(Unique Selling Proposition) 전략이나 이미지 전략이란 도구를 사용합니다.

소비자들이 어떤 상품을 선택할 때 그들이 선택하는 것은 브랜드 이미지입니다. 우리 개인도 다른 사람들 앞에서 특별한 자신을 나타내기 위해 할 수 있는 도구 역시 이미지 전략입니다. 취업을 앞둔 젊은 층이나, 승진을 꿈꾸는 직장인이나 정치 지도자를 꿈꾸는 정치인, 대중의 인기를 먹고사는 연예인 등 모든 사람은 자신만의 이미지를 갖고자 합니다.

"당신의 이미지를 만드세요."라고 말할 때 이미지란 무엇일까요?

상품의 이미지나 사람의 이미지, 그 낱말의 의미는 여러 가지로 해석됩니다. 이미지란 한마디로 '개성'을 의미합니다. 상품의 개성은 상표, 포장, 가격, 광고의 스타일, 그리고 상품 자체의 특성 등 여러 요소의 혼합물입니다. 사람의 개성 역시, 그 사람의 복장, 헤어스타일은 물론, 말투나 외모, 성격이나 일하는 스타일, 태도나 행동 양식 등 모든 것이 그 사람의 이미지를 형성하는 데 기여합니다.

개인이 자신의 이미지를 만들 수 있는 몇 가지 방법을 제안합니다.

첫째, 자신이 만들고자 하는 이미지를 먼저 언어나 문자로 만들어야 합니다. 그리고 자기가 만든 이미지 콘셉트로 하루를 시작하며 자기 자신에게 선언하는 것입니다.

'나는 자연인이다.'
'나는 유능한 관리자이다.'
'나는 전략적 사고를 하는 전략가이다.'
'나는 유머러스한 사람이다.'
'나는 매체 전문가이다.'

이렇게 자신을 불러보는 것입니다. 그리고 그러한 사람으로 행동하기로 하는 것입니다.

둘째, 자신이 가진 나만의 가치를 발견하고 자신의 내적 외적 자산을 찾아내는 것입니다.

'나는 훌륭한 심리학자적 소질을 가지고 있다.'

'나는 높은 수준의 의지와 능력이 있다.'

'나는 리서치 중심의 사고를 한다.'

'나는 열심히, 신속하게 일할 수 있는 능력자이다.'

'나는 남과 다투지 않는 모나지 않는 성격이다.'

'나는 발표를 잘할 수 있는 능력자이다.'

'나는 부하 직원과 공적은 나누어 갖고 잘못에 대해서는 책임을 질 수 있는 사람이다.'

셋째, 자기 삶의 목표와 방향을 정하고 분명하게 제안하는 것입니다. 즉, 자기 삶의 캠페인을 개발하고 실천하는 것입니다.

'인문학으로 살자.'

'신나게 놀자.'

'배우고 즐기자.'

'살아있는 동안 즐겁게 지내자.'

'인간적인, 자연스러운, 부드러운, 낙천적인 삶'

'재미가 없으면 삶이 아니다.'

'모험과 도전'

이렇게 구체적이고 사실적인 언어로 표현된 삶을 기획하고 실천하는 것입니다.

넷째, 나만의 상징이나 캐릭터를 계발하는 것입니다. 이를테면 나만의 별명이나 십팔번을 만드는 것입니다.

참고로 옛날의 선비들이나 작가들 혹은 정치인 유명 연예인, 학자 등도 자신만의 호를 만들거나 필명을 사용하였으며, 이러한 호나 필명이 본래의 이름보다 더 많이 사용되고 대중에게도 널리 알려지게 됩니다. 나도 동호회 모임에서는 '홍풍', 인터넷 블로그에서는 '로맨', 글을 쓸 때는 '박홍'이라는 필명으로 개성을 나타냅니다. 그리고 모임이나 야유회 등에서 꼭 나만의 십팔번 곡 '고향의 강'과 '선구자'를 즐겨 부르고 있습니다.

또한 자신만의 모양과 색깔로 디자인하는 것입니다. 상품이라면 포장 정도가 되겠지만 사람인 경우는 자신의 머리 스타일이나 복장 등으로 외모를 가꿈으로써 개성을 만드는 것입니다. 예를 들면 곱슬머리 파마 스타일이나, 독특한 안경이나 모자 혹은 넥타이나 시계와 같은 액세서리와 정장 차림 등을 고수하는 것입니다.

그러면 현재의 나의 이미지는 무엇일까요?
미래에 내가 만들고 싶은 이미지는 무엇일까요?

그 이미지를 만들고, 만들어가기 위해 다시 한 번 질문을 드립니다.

당신의 자산, 당신의 가치는 무엇입니까?
당신의 삶의 목표와 삶의 콘셉트는 무엇입니까?
당신이 펼칠 삶의 캠페인은 무엇입니까?
당신의 별명은 무엇이고, 당신의 십팔번은 무엇인지요?

나의 좌우명, 나의 롤 모델, 나의 삶을 위한 콘셉트를 결단하기 바랍니다. 그리고 삶의 방향을 분명하게 정하고 제안하기를 바랍니다.
나의 이미지가 무엇인지 구체적이고 사실적인 언어로 표현해보실 것을 당부드립니다.

아이덴티티와 이미지

아이덴티티란?

아이덴티티(identity)는 라틴어 'identitas', 'identicus'를 변형한 형태로 '동일하다'는 의미를 가지고 있습니다. 사전적으로 아이덴티티는 '본래의 성질' 또는 '본래의 가치'를 의미합니다. 학문적으로는 '세계관, 가치관이 정립된 주체 의식'을 의미하기도 합니다. 본질적으로 아이덴티티는 '나는 누구인가'에 대한 답으로 자의식과 같은 의미를 가지고 있습니다(사득환, 2008).

아이덴티티는 흔히 '정체성'으로 번역됩니다. 아이덴티티란 사전적으로는 '자아동일성', '주체성', '정체성' 등과 동의어로 쓰이며, 그 사람의 성향, 목표, 의미를 뜻합니다. 콜린스 영어사전에 따르면 "사람이나 사물이 인지되는 것에 의한 개별적 특성"입니다. 이런 아이덴티티는 다른 사람으로부터 한 사람을 구별할 수 있는 수단인 개별성(individuality)으로 추론됩니다.

이런 아이덴티티의 차별화는 시각적 단서들, 예를 들면 의상, 몸짓, 헤어스타일 등에 의해 이름에 영향을 줄 수 있지만 그것이 다는 아닙니다. 우리는 시각적 단서뿐만 아니라 언어, 행동, 독특한 버릇과 같은 다른 단서들에 의존하게 됩니다.

개인의 아이덴티티는 내가 어떻게 생겼는가와 같은 '신체적 특징', 일정한 활동을 통해 인지되는 '활동적 특징', 가족과 같은 외부 대상과의 관계를 통해 만들어지는 '사회적 특징', 성격과 같은 '심리적 특징'의 네 요소로 인식됩니다.

아주 단순하게 아아덴티티를 정의해보면 '내가 정의하는 나 자신'입니다. 즉, "Who am I?"라는 질문에 스스로 만든 답안이라고 말할 수 있습니다.

이미지란?

이미지에 대한 설명은 매우 다양합니다. 이미지는 관찰자들의 마음속에 자리 잡은 개념들의 배치 상태를 설명하는 데 사용됩니다. 다울링에 따르면, "이미지는 의미들의 세트다. 사람들은 의미 세트에 의해 대상을 알고, 묘사하고, 기억하고 관련짓는다. 이미지는 대상에 대한 개인의 믿음, 생각, 느낌, 지식과 인상의 상호작용에서 결과한다."고 설명합니다. 또 다른 학자들의 경우를 봅시다.

"이미지는 이해관계자들이 개인 조직에 대해 가지는 경험, 신념, 느낌, 지식과 인상들의 상호작용의 결과다."(Margulies, 1977 : Bernstein, 1984, Spector 1961 : Popalian, 1984)

"개인(기업) 이미지는 개인(기업)에 속한 것이 아니며 사람들이 개인(기업)을 어떻게 받아들이느냐 하는 것이다. 이 과정에서 상호 커뮤니케이션은 아이덴티티를 이미지로 변환시키는 역할을 수행한다."(Ind, 1990)

또한 다수의 연구자들은 이미지를 설명하면서 인간의 퍼스낼리티를 표현하는 용어를 사용하기도 합니다. 제니퍼 아커는 퍼스낼리티에 대한 척도는 성실, 열정, 경쟁력, 세련됨, 강인함 등 5차원 42 항목으로 구성되어 있다고 주장합니다.

개인의 브랜드 마케팅 과정에서 이미지는 타인의 마음속에 투영되어 형성되는 것입니다. 개인의 과거 행동과 역사에 기반을 두고 관계한 사람들에 축적된 평가이며, 더 나아가 미래 행동에 거는 기대까지도 포함하는 행동 기반의 실체적 특성이라고 할 수 있습니다.

5

최고(The best)보다
유일한(The only) 존재가 되라

스펙 쌓기에 여념 없는 취업준비생뿐만 아니라 승진에 목숨을 건 직장인에게 필요한 성공 전략을 한 가지 알려드립니다. 그것은 남과는 다름, 즉 차별성을 갖는 것입니다. 이 시대의 성공 전략은, 최고(the best)가 아니라, 유일함(the only)으로 대결해야 합니다. 스펙이 아니라 스토리로 대결해야 합니다. 그리고 틈새시장을 찾는 것입니다.

차별성을 만들기 위해서는 무엇이 필요할까요?

첫째, 최고, 최대, 최상이라는 형용사 대신, 유일한, 독특한, 특별한

것을 추구하는 것입니다.

　나 자신이 수많은 경쟁자 중 한 명이 아니라 유일한 한 명이 되어야 합니다.

『보랏빛 소가 온다』의 저자 세스 고딘이 말한 보랏빛 소가 되어야 한다는 말입니다. 들판에 많은 소가 풀을 뜯고 있는데 대다수의 소는 누른빛을 띤 소들입니다. 그런데 그중 한 마리의 빛깔은 보랏빛입니다. 저자의 표현을 빌리면 리마커블한 소입니다. 리마커블(Remarkable)한 것은 더 좋은(the good) 것의 반대 의미라고 합니다. 특별한, 눈에 띄는, 흥미진진한 같은 의미를 말합니다.

　한 개인을 하나의 제품으로 생각해보면, 차별성(USP)을 갖는 것입니다. USP는 광고 마케팅의 대가인 로저 리브스가 주창한 제품 시대의 마케팅 이론입니다. 모든 제품 광고에는 유에스피 (Unique Selling Proposition) 즉, '독특한 판매 약속을 담아야 한다'는 이론입니다. 하나의 제품을 상품으로 차별화하기 위해서는 차별성을 갖추어야 하듯, 사람도 개인이라는 브랜드의 독특한 속성과 효용과 가치가 필요한 것입니다.

　둘째, 경쟁하지 말고, 비교하지 말아야 합니다.

　스펙으로 대결하는 대신 스토리로 대결하는 것입니다. 스펙은 일종의 과잉 자격으로 볼 수 있습니다. 남들과 경쟁하려면 이것도 필요하고 저것도 필요합니다. 하지만 스토리로 대결하면 많은 자격이 필요하지 않습니다. 자신의 분야에 필요한 역량과 기술만 필요합니다. 한 가지 혹은 두 가지 정도만 통달하면 충분한 것입니다. 오직 자신이 선택한 분야에 꾸준함으로 집중하는 것이 필요합니다. 〈생활의 달인〉이라는 텔레비전 프로그램을 보면 성공한 사람들의 경우 자기가 하는 일이 무엇인지는 중요하지 않음을 알 수 있습니다. 다만 자기가 하는 일을 꾸준히 묵묵히 해낸 사람들이 그 분야에서 대가가 되고 전문가가 되는 것을 확인할 수 있습니다.

셋째, 남들이 가지 않는 좁은 길로 가야 합니다.

차별화로 가는 세 번째 조건은 자신이 뛰어들 영역과 관련되어 있습니다. 남들이 다 뛰어드는 영역이 아닌 자신만의 틈새시장을 찾아야 합니다. 사람의 관심 영역은 다양합니다. 이 다양성에 차별성의 답이 있습니다.

'나는 누구인가?'는 나는 무엇에 관심 있고, 나는 무엇을 하는가에 답을 해보면 알 수 있습니다. 리처드 바크가 쓴 세계적 베스트셀러『갈매기의 꿈』에는 한 특별한 갈매기가 소개됩니다.

"대부분의 갈매기는 비상의 단순한 사실, 즉 먹이를 찾아 해안을 떠났다 다시 돌아오는 방법 이상의 것을 배우려고 하지 않습니다. 대부분의 갈매기에게 문제가 되는 것은 날아오르는 것이 아니라 먹는 것입니다."

반면 '조나단 리빙스턴'이라는 한 갈매기는 다른 동료 갈매기와는 달리 중요한 것이 '먹는 것이 아니라 나는 것'이고 조녀선은 급강하, 공중제비 넘기, 저공비행, 방위점 회전, 뒤집어서 맴돌기, 바람개비 맴돌기 등 자신이 해볼 수 있는 모든 비행 방법을 시도해봅니다. 조녀선은 결국 동료들에게 외면을 당합니다. 그러나 조녀선은 '가장 높이 나는 새가 가장 멀리 본다'는 사실을 나중에 깨닫습니다.

김위찬, 르네 마보안 공동 작가의 『블루오션 전략』은 기업이 경쟁 속으로 뛰어들지 말고, 경쟁이 무의미한 비경쟁 시장 공간을 창출함으로써, 유혈 경쟁의 레드 오션을 깨고 나올 수 있는 성공을 위한 미래 전략 방법을 제시합니다. 이것은 남들이 다 뛰어드는 시장이 아니라 새로운 시장, 새로운 기회에 도전하게 합니다.

차별성의 획득은 경쟁전략이 아니라 남들이 가지 않는 새로운 길, 나만의 길을 찾는 것입니다.

새로운 인재의 조건, 유일함!

새로운 인재는 '디.스.통.공.유.의'가 필요합니다. 즉 여섯 가지 조건을 갖추는 것입니다.

첫째는 디자인 능력, 둘째는 스토리 능력을 가지는 것, 셋째는 통합의 능력, 넷째는 공감 능력, 다섯째는 유머를 갖추는 것, 여섯째는 의미를 부여하는 능력입니다.

유일한 사람이 되려면 나만의 창의성이 필요합니다. 이것은 파괴적 혁신입니다.

피터 드러커는 혁신을 '기존의 자원이 부를 창출하도록 새로운 능력을 부여하는 활동'으로 정의했고, 하버드대학교 경영학 교수인 클레이튼 M. 크리스텐슨은 혁신의 종류를 '존속적 혁신', '로앤드 혁신', '파괴적 혁신'으로 분류했습니다.

존속적 혁신은 기존 우량 고객들의 만족도를 더욱 높임으로써 계속 고객으로 잡아두는 전략입니다. 로앤드 혁신은 기존 고객 중에서 자주 이용하지 않는 기능이나 서비스에 과도한 가격을 지불하고 있다고 생각하는 고객을 타깃으로 삼는 것입니다. 파괴적 혁신은 성능 개선보다는 파격적인 서비스 접근법으로 지금까지 외면했던 비소비, 비우호 고객을 공략하는 방법입니다.

6

스펙보다 스토리를
만들어라

한국인의 DNA에는 창조의 천재성이 숨어 있습니다. 특히 문화·체육·예술 분야에서 그 천재성은 더욱 돋보입니다. 할리우드에서 봉준호 감독이 만든 영화 〈기생충〉이 2020년 아카데미 작품상, 감독상, 각본상, 국제(외국어)영화상 등 4개 부문을 석권해 전 세계를 놀라게 했습니다.

그뿐 아닙니다. 이미 세계 속에서 한국인의 잠재적 능력을 발휘해 영웅이 되어버린 위대한 한국인들을 떠올려봅니다. 비디오 아티스트 고(故) 백남준과 미술계 퍼포먼스터 이불, 세계 축구계의 기린아 손흥민,

미국 메이저리그의 신성 류현진, 골프계의 여제 박세리, 빙상스포츠계에서 피겨 스케이팅의 김연아, 쇼트트랙의 김동성, 스피드 스케이팅의 모태범과 이상화, 맨부커상을 받은 소설가 한강, 소프라노 성악가 조수미, 지휘자 정명훈, 피아니스트 백건우, 세계 속에 K팝의 역사를 새로 써 내려가는 BTS. 이미 그들 모두는 세계인의 호감과 평판을 얻고 유명인이 되었습니다.

새삼 '문화 강국 한국인'에 대한 백범어록이 생각납니다.

"나는 우리나라가 세계에서 가장 아름다운 나라가 되기를 원한다….
(중략) 우리의 부는 우리 생활을 풍족히 할 만하고, 우리의 힘은 남의 침략을 막을 만하면 족하다. 오직 한없이 가지고 싶은 것은 높은 문화의 힘이다. 문화의 힘은 우리 자신을 행복하게 하고, 나아가서 남에게도 행복을 주기 때문이다."

"나는 우리나라가 남의 것을 모방하는 나라가 되지 말고, 이러한 높고 새로운 문화의 근원이 되고, 목표가 되고, 모범이 되기를 원한다. 그래서 진정한 평화가 우리나라에서 우리나라로 말미암아 세계에 실현되기를 원한다."

이제 당신의 차례입니다. 당신도 스토리텔러가 되어보세요.

당신도 창조 한국인, 문화 한국인이라는 자긍심을 부여할 수 있습니다.

당신이 무엇을 상상하든, 무엇이 되고 싶든, 당신의 이야기를 만드시기 바랍니다.

현실에서 그 이상의 무대가 펼쳐집니다.

특별하지 않은 인생이 어디 있을까요? 모두가 파란만장한 삶을 살아갑니다. 우리는 저마다의 역사를 쓰고 그 안에서 살아갑니다. 당신도 '나의 이야기'를 들려주세요.

인생의 성공을 위해서 스펙이 아니라 이야기를 만드십시오. 나의 이야기는 나만의 콘텐츠가 됩니다. 우리는 모두 스펙이 아니라 이야기에 관심을 가집니다. 우리의 이웃들은 당신이 쌓은 스펙이 무엇이든 관심을 두지 않습니다. 다만 당신이 하고픈 이야기가 공감이 가는지 기다리고 있습니다. 당신이 만들고 싶은 이야기를 글로, 그림으로, 영상으로, 목소리로, 몸짓으로 표현하십시오. 블로그에 당신의 글을 쓰고, 유튜브에 당신의 이야기를 영상으로 올리십시오. 인스타그램이나 페이스북에도 소통하며, 당신의 그 이야기를 들려주십시오.

이제 우리가 모두 누구나 시민기자가 되고 유튜버가 되는 세상입니다. 모두가 저마다의 스토리텔러입니다.

유엔 산하 기구 유엔거버넌터센터에서 홍보담당관을 지내고 온라인에서 유엔온라인정보센터의 편집장으로 활동한 김정태 작가는 그의 저서 『스토리가 스펙을 이긴다』에서 이렇게 말합니다.

"남들과의 비교를 멈추자 구별되기 시작했고, 최고를 포기하자 유일의 길이 열리고, 상품임을 포기하자 작품으로 변해갔고, 경쟁을 피하자 진정한 승리를 맛보았고, 업(業)에 주목하자 직(職)이 손 내밀고, 그리고 마침내 기회가 찾아왔다."

그는 대학원 졸업 후 재정적 어려움, 인간관계와 진로 방향에 대한 걱정, 비교, 우울, 인턴십 실패 등 스펙 쌓기와 분초를 다투며 타인과의 우월 경쟁과 실패와 낙담, 우울의 경계를 살았던 적이 있었습니다. 그때의 기준은 '타인'이었습니다. 자기보다 '못난 사람'을 보면 우쭐했고, 자신보다 '잘난 사람'을 보면 의기소침했습니다. 그러나 어느 순간 깨달았습니다. '스펙'보다는 '이야기'가 필요하다는 것을요. 그리고 그는 달라졌습니다.

자신이 만난 멋진 다른 사람의 이야기와 자신의 잠재력이 개발된 이야기, 가슴을 설레게 하는 도전에 대한 이야기로 일기 쓰기 문장들이 바뀌었습니다. 그는 그 이후 자신의 삶이 행복해졌다고 말합니다.

자신의 삶이 스펙 쌓기에서 이야기 쌓기로 관심과 주제를 바꾸자 실패도 보물 같았습니다. 자신의 일상이 성장과 역량을 홍보하는 멋진 소재가 돼주었습니다. 일상에서 보고 듣고 경험하는 모든 것들이 새롭게 다가왔습니다.

그러나 무엇보다 가장 기대가 되는 것은 역시 여러분의 이야기입니다. 사람들이 가장 듣고 싶어 하고, 관심 있어 하는 것은 당신의 이야기입니다. 당신의 멋진 이야기가 있다면, 당신의 일기장에 SNS에 올리십시오. 당신의 이야기가 다른 이들의 이야기를 도울 것입니다. 이야기의 힘은 탁월합니다. 스토리텔러에게는 반드시 새로운 기회가 찾아오고, 새로운 일이 생깁니다.

모든 삶은 귀하고 특별합니다. 이제 당신의 이야기를 들려주세요.

젊은 세대에게 필요한 미래 비전과 통찰력에 대해 다시 생각해봅니다. 우리의 젊은 20대, 말 그대로 스펙 열풍입니다. 많은 대학생이 대부분의 시간과 에너지를 스펙 쌓기로 흘려보내고 있습니다. 과연 이러한 스펙이 원하는 결과를 가져다줄까요?

소위 말하는 스펙이라는 것이 사실 취업에 큰 실효성을 갖지 못한다는 것을 아는 대학생은 그리 많지 않습니다. 대기업의 채용 담당자들의 말을 들어보면, 스펙 자체가 채용의 당락에 큰 영향을 미치지 않는다고 합니다. 진짜 중요한 것은 특정 기업, 특정 직무에 맞는 개인적 역량이라고 합니다.

나는 수많은 청춘에게 스펙보다는 튼튼한 '자신만의 스토리를 만들라'고 조언합니다. 20대는 자신의 꿈을 바탕으로 수많은 도전을 통해 나만의 스토리를 만들어가는 것이 필요합니다. 현명한 구직자는 남들과 다른 스토리를 준비하여, 이를 채용 장면에서 효과적으로 설명하는 사람입니다. 그것은 바로 자신만의 스토리를 말하는 것입니다.

자신의 목표와 비전, 그것이 어떤 것이고, 그것을 위해 무엇을 하였는지, 그리고 그와 관련된 어떤 경험과 역량을 키워왔는지, 그것을 앞으로 또 어떻게 활용할 수 있을 것인지를 말하는 것입니다.

20대 청춘들이 직장이나 삶의 방향을 선택할 때, 비합리적인 선택이 종종 이루어집니다. 그중 하나가 직장을 구해야 할 대학생과 졸업생들이 지원하는 회사에 들어가기 위해, 모든 에너지를 스펙 쌓기에 쏟아붓는다는 것입니다. 그 예로 전공과 관심 분야에 관한 학교 수업 대신, 토익학원이나 어학연수 등을 택하기도 합니다.

스펙과 스토리의 차이는 껍질과 본질의 차이입니다. 자기가 하고자 하는 일과, 실질적으로 관련 있는 일이 무엇인지 알아내고, 실행을 통해 얻은 결과는 자신의 스토리가 됩니다.

스토리를 만들기 위해서는 전제 조건이 필요합니다.

그 첫 번째 조건은 바로 스토리의 콘셉트 설정입니다. 즉 주제를 정하는 것입니다. 무엇인지 일정한 주제를 가지고 있을 때 그것이 스토리가 됩니다. 그 어떤 시나리오도 주제로부터 시작합니다. 나의 스토리는 다름 아닌 내가 무엇을 했고 지금 무엇을 하고 있으며, 앞으로 어떻게 살아갈 것인지 방향을 보여주며, 그 확실한 방향성 속에서 만들어지는 것입니다.

나의 나아갈 목표, 나의 나아갈 방향은 어느 쪽일까요?

나의 관심 분야는 과연 무엇인지요?

내가 나가야 할 길이 동쪽인지 서쪽인지, 정치학인지 경제학인지, 스포츠산업인지 문화산업인지, 그 주제와 방향을 먼저 정하기 바랍니다.

그다음 스토리의 이력서에 써야 하는 항목입니다. 스펙의 이력서에는 학력, 학점, 토익 성적, 자격증, 봉사활동, 어학연수 등이 필요하지만, 스토리의 이력서는 자신의 관심 사항, 읽은 책의 리스트, 연구한 논문, 참가한 프로젝트, 멘토와 스승, 만난 사람, 창의력과 리더십, 성공과 실패

사례 등이 필요합니다. 스토리를 쓰는 데는 실패 또한 성공만큼 중요합니다. 농구의 황제 마이클 조던은 이렇게 말했습니다.

"나는 지금까지 9,000번도 넘게 슛에 실패했다. 나는 지금까지 300번도 넘게 경기에서 졌다. 나는 계속 실패하고, 실패하고, 또 실패했다. 그것이 내가 성공한 원인이다."

우리가 경험한 실패나 단점도 성공과 장점의 스토리로 연결할 수 있습니다.

마지막 전제 사항은 다양한 체험과 학습입니다

스토리는 생각으로 만들어지는 것이 아닙니다. 행동으로 만들어집니다. 스토리는 수많은 작은 실천들로 만들어집니다. 그 실천들은 내가 관심 있는 주제, 내가 가야 할 목적지와 유관한 것이어야 합니다. 나의 방향과 관련된 역량과 경험을 갖추는 데 필요한 노력과 시간을 그리고 에너지를 사용해야 합니다.

자신이 나아갈 방향에 따라, 도전과 모험을 통해, 자신의 스토리를 써내려갈 수 있습니다. 지금의 편안함, 지금의 안정이 두려워 아무 행동도 실천도 하지 않는다면, 발전도 성공도 이룰 수 없습니다.

스토리는 개인의 역사를 보여주는 것입니다.

지금 당장 자신만의 이야기를 만들어가기 바랍니다.

왜 사람들은
자기답게 살지 못하는가?

왜 사람들은 자기답게 살지 못하는가? 그것은 '자기'를 제대로 알지 못한 채 남들을 흉내 내고 따라 하며 살아가기 때문입니다. 대부분 보통 사람은 세속의 방식을 따라 살아갑니다. 남들이 하는 대로 풍속과 유행을 따르며 살아갑니다. 남들이 남쪽에 집을 지으면 남쪽에 집을 짓고, 남들이 북쪽에 땅을 사면 다투어 북쪽에 땅을 사려 합니다.

동양의 철학자 노자는 자기를 아는 것이야말로 가장 지혜롭다고 했습니다. '나라고 부르는 존재는 무엇이 만드는가?' 노자는 "'자기'와 '자아'는 만물의 시작점이요, 사물 궁극점"이라고 말했습니다. "자아의 하나는 본성이요, 정신이며, 몸 안에 가득찬 도(道)이다."라며 자신의 실체를 존재로서의 도라고 주장했습니다.

노자는 도법자연(道法自然)을 강조하는데 자연을 따른 것이 도라고 하고 자연의 순리대로 살아가길 권했습니다. 욕심을 비우고, 이름도 없고, 형체도 없는 도를 따릅니다. 해가 뜨면 일어나 수족을 부지런히 놀리고, 배가 고프면 밥을 먹고, 해가 지면 잠자리에 듭니다. 그게 만물의 도입니다. 그 도를 따라 담담하게 살면 부족함이 없습니다. 애써 무리에 휩쓸리는 것을 삼가고, 입에 들어갈 밥을 내 방식으로 벌고, 자연의 이치에서 벗어나지 않는 한도 내에서 하고 싶은 일을 하며 살아가는 것입니다.

이에 비해 합리주의와 이성 중심의 서양 사상은 보다 구체적인 인간, 구체적인 삶과 행복을 추구합니다. 인간은 누구나 많은 얼굴을 갖고 있습니다. 어떤 분야에는 천재성을 갖고 있으나, 어떤 분야에는 열등한 능력을 나타냅니다. 어떤 사람은 배우고 깨치고, 자신을 확장하며 살아가고, 어떤 사람은 깨지고 부서지고 넘어지며 패자로 살아갑니다. 비범한 사람은 긴 세월 동안 자기 관리를 통해 창조성을 개발하며, 성취를 이룹니다.

그렇다면
'나는 지금 어디에 와 있는가?'
'나는 누구와 이어져 있으며, 나의 가치는 무엇인가?'

다시 처음 질문으로 돌아가봅시다.

"무엇이 당신을 만드는가?"

인간은 '왜'라고 물을 때 위대함이 시작되었습니다. 『실락원』의 저자 존 밀턴은 마흔두 살의 나이에 두 눈의 시력을 완전히 잃었습니다. 조명 시설이 열악한 17세기에 밤낮으로 너무 많은 책을 읽었기 때문이라고 합니다. 하지만 그는 실명(失明)을 천명(天命)으로 여기고 집필에 매진했고, 딸들의 도움을 받아 대작 『실락원』을 저술했습니다. 아마도 밀턴은 후에 "나를 만든 것은 실명이었다."라고 고백했을 것입니다.

그렇다면 경영학의 그루인 피터 드러커는 "무엇이 당신을 만드는가?"라는 물음에 무엇이라 대답할까요? 일반적으로 사람들은 드러커를 현대 경영의 원칙과 이론을 제시한 답을 가르쳐준 사람으로 기억할 것입니다. 그러나 드러커는 자기를 만든 것은 '질문'이라고 답했습니다. 그는 인생과 일에서 생기는 모든 문제에 대해 스스로 질문하고 스스로 대답하는 삶을 살았다고 고백했습니다.

피터 드러커는 어릴 때부터 자신의 집에 놀러온 부모님의 친구들이 하는 대화, 즉 질문과 대답을 듣기 시작했고, 살롱에서 간혹 자신의 생각을 발표하기도 했습니다. 그러던 어느 날 드러커는 자신의 인생을 뒤바꿔놓을 만한 큰 충격을 받았습니다. 그의 학창 생활 김나지움 시절 종교 교육 시간 때 일입니다. "죽은 후에 너는 어떤 사람으로 기억되기 바라는가?"라는 질문이 그의 영혼을 흔들었습니다.

혼자서 일하고, 스스로 성취하는 사람들은 매우 드뭅니다. 예를 들면, 소수의 위대한 예술가들, 소수의 위대한 과학자들, 소수의 위대한 스포츠 선수들이 있기는 합니다. 그러나 대부분의 사람들은 다른 사람과 함께 일하고, 다른 사람들의 도움을 받아 성과를 올립니다. 그러나 무엇보다 당신을 지지하고 응원하는 사람들의 사랑과 관심으로 당신은 만들어집니다.

당신은 어떻습니까?
남들이 한다고 굳이 해서 안 되는 것을 따라 합니까?

삶에서 정말 중요한 것은 남같이 출세하고 남처럼 부자가 돼서 떵떵거리며 사는 게 아니라 나답게 사는 것입니다. 노자는 자아를 자연의 도(道)라 하고, 질박하며 이름도 없고 작은 것이라고 했습니다. 사람은 스스로에 대한 자각과 자연의 이치에 벗어나지 않는 한에서 하고 싶은 일을 하며 살아갑니다.

당신은 무엇으로 만들어지고 무엇을 위해 삽니까?

SELF
MARK
ETING

Part 3

미래를 바꾸는
셀프 마케팅 원칙 1
- 꿈꾸라

1

청춘이 설레는 이유는
꿈꿀 수 있기 때문이다

우리는 20대를 흔히 '청춘'이라고 말합니다.

피천득 작가는 '청춘'이란 낱말을 듣기만 하여도 가슴이 설렌다고 했습니다. 요즘의 20대, 그들은 지금의 청춘을 어떻게 생각하고 있을까요? 지금, 우리 주위에는 내 삶을 어떻게 열어가야 할지, 어디로 가야 할지, 그리고 나는 무엇을 위해 살 것인지에 대해 대답을 찾지 못하고 머뭇거리는 청춘과, 가슴이 시리고 안타까운 청춘, 그리고 참으로 아픈 청춘들이 많은 것 같습니다.

10대의 청소년들은 사춘기라는 성장통을 겪으며 성장합니다. 그리고 20대의 청년이 되면, 성장통보다 더 심한 현실의 문 앞에서 고뇌합니다. 누군가는 연애의 열병에 시달리기도 하지만, 가장 심각한 것은 졸업 후의 진로입니다. 창업해야 할지, 취업해야 할지, 두 갈래 길 앞에서 고민해야 합니다.

가보지 않은 길, 보이지 않는 길에서 자신의 미래에 대해 막연함을 느끼는 것입니다. 이 땅의 젊은이들이 젊음의 소중한 진리를 깨닫기를 바랍니다. 피 작가는 지금의 젊은 대학생 후배들에게 이렇게 충고합니다.

"젊음은 꿈과 가능성이다."

지금의 청춘이 가져야 할 가장 소중한 것, 그것은 바로 꿈과 희망, 그리고 비전입니다. 꿈을 가진 청춘은 아름답습니다. 청춘의 또 다른 이름은 희망입니다. 현명한 청춘은 아름다운 꿈을 꾸는 것입니다.

누군가 청춘은 아픔이라고 말합니다.

청춘의 시기엔 열정을 억누르고, 미래의 불확실함으로 불안감과 우울함이 찾아오기도 합니다. 고뇌가 없으면 청춘이 아닙니다. 힘들어도 견디어 나가야 합니다. 세월이 지나면 좋은 추억이 되는 것입니다.

독일의 시인 실러가 말했습니다.

"산다는 것은 꿈을 꾸는 것이다."

청춘의 꿈이란 바로 이상을 갖는 것이요. 비전을 가진다는 것입니다.
20대 청춘이 이루지 못할 꿈은 없습니다.
청춘에는 무한한 가능성이 있습니다.
모험이 있고, 도전이 있고, 열정이 있는 한 기회가 있고, 희망이 있습니다.

무엇인가 원하는 것이 있다면 도전하길 바랍니다. 청춘의 무한한 가능성을 믿고 시작하기를 두려워하지 말아야 합니다. 일단 출발을 하고 묵묵히 앞을 바라보고 나아가면 됩니다.

전 세계를 이끌어가는 소수의 사람들, 그들은 일찍부터 뚜렷한 비전을 가지고 그것을 실천에 옮긴 사람들입니다. 청춘의 꿈과 비전은 자기의 나아갈 방향을 알려주는 나침반입니다.

지금부터 3년 후, 5년 후, 그리고 10년 후의 당신이 어디에 있을지를 생각해보십시오. 그곳이 한국입니까? 아니면 외국 어느 곳입니까? 그리고 당신은 그곳에서 어떤 일을 하고 있을지 생각해보십시오.
강의실에서 열정적인 강의를 하는 모습일까요? 연구실에서 실험에 몰두하는 모습일까요? 중요한 회의를 주재하는 모습 혹은 외국인과 만나 중요한 거래를 성사시키기 위해 협상하는 모습일까요? 사람들 앞에서 어떤 연기를 하고 있거나, 연주하는 모습일까요?

그곳이 어디인지, 그 일이 무엇인지 지금 선택하시기 바랍니다. 그리고 그곳까지 갈 스케줄을 구상해보십시오.

꿈과 이상, 비전에 관해 또 한 가지 알아야 할 것이 있습니다.

그 누군가 이루어낸 한 사람의 꿈은 또 다른 사람에게 신화가 되어 꿈이 이어져간다는 사실입니다. 지금 자신이 본받아야 할 영웅은 누구일까요? 자신이 닮고 싶고 자신의 롤 모델이 될 사람은 어떤 사람일까요?

박세리나 박찬호 같은 스포츠의 스타라도 좋습니다. 슈바이처나 나이팅게일 같은 위대한 사람일 수도 있을 것입니다. 스티브 잡스나 빌 게이츠가 되어도 좋고, 스티븐 호킹이나 에디슨이 될 수도 있을 것입니다. 사람은 누구나 마음속으로 존경하는 영웅이나 인생의 모델로 삼고 싶은 인물이 있습니다.

이제부터는 이 시대를 살아가는 모든 청춘, 나 자신이 바로 제2의 누군가가 되어야 합니다. 자, 이제 자신이 닮고 싶은 그 영웅처럼 그 모습 그대로 살고 있고, 살아가는 자신의 모습을 바라보십시오.

그것이 바로 청춘의 비전입니다.

2

사람은 누구나 하나의 별이다

사람은 모두 별입니다. 사람은 누구나 저마다 별로 태어납니다. 우리가 누군가의 이름을 불러주었을 때 그 별은 빛납니다. 우리가 누구의 이름을 기억하는 한 그 별은 계속 빛납니다. 하지만 우리가 그 이름을 잊어버리거나 기억하지 않는다면, 그 별의 빛은 사라집니다.

윤동주의 별처럼 우리는 모두 자기의 별과 이웃하는 별과 함께 살아가며 희망을 꿈꿉니다.

지금 당신의 별은 얼마나 밝게 빛나고 있습니까?

나의 이름을 얼마나 많은 사람이 기억하고 있을까요?

누가 나를 그리워하고 추억하며 지낼까요? 아니면 잊힌 존재일까요?

나의 이름은 나의 평판으로 기억됩니다.

당신의 이름은 당신의 평판으로 기억됩니다.

이 세상의 모든 영웅도 별로 태어나고, 이 세상의 모든 범부들도 시작은 별로 태어났습니다. 예수의 탄생을 동방박사가 미리 감지한 것도 별을 보고 알아냈습니다. 강동의 책사가 촉나라 제갈공명의 죽음을 알아챈 것도 하늘의 별을 보고 난 후였습니다. 제갈공명이 스스로의 운명을 인지한 것도 별을 보고 난 후였습니다.

평판이 좋은 사람을 우리는 명망가라고 말하고, 명성이 높다고 말합니다. 바로 이름이 알려진 별이 되는 것입니다. 대중의 사랑을 받는 인기 있는 사람을 우리는 하늘의 별처럼 '스타'라고 부릅니다. 평판이 좋을 때는 밝은 별이 되어 스타가 되지만, 반대로 평판이 낮아지면 별똥별이 되어 사라질 수 있으며, 대중들의 평판은 유성처럼 흐릅니다.

우리가 자신의 명성과 평판을 관리해야 하는 이유가 여기에 있습니다. 우리의 명성은 기회도 되지만 위기가 되기도 합니다. 어느 날 우리의 명성은 치명적 실수 하나로 위기를 맞을 수 있으며, 우리의 명성은 별똥별이 되어 기억 속에서 사라지고 빛을 잃을 수 있습니다.

최근 우리 주변에서 찬란하게 빛나던 많은 별이, 빛을 잃고 사라지는 것을 보았습니다. '미투 현상'의 강풍을 타고 고 모 시인과 이 모 연극연출가, 촉망 받던 정치인 안 모 지사가 대중의 명성을 잃어버리고 별똥별이 되었습니다. 기업 총수의 가족 한 명이 저지른 '물 뿌리기 갑질' 한 번으로 기업 전체가 위기에 빠지는 사태를 맞기도 했습니다.

공직자는 인사청문회를 통하여 자신의 업적과 정책을 검증받습니다. 직장인은 평판 조회를 통해 자신의 몸값과 인사에 영향을 받으며, 일반인조차 인터넷과 빅데이터 검색을 통해 신상 털기를 당할 수 있습니다. 하늘의 별처럼 사람은 북극성처럼 빛나는 밝은 별이 되기도 하고, 혜성처럼 나타났다 사라지기도 합니다. 사람은 모두가 별입니다. 별이 밝게 빛나는 것은 대중의 평판이 높고 기억이 살아있을 때입니다.

그래서 우리는 저마다 평판 관리를 해야 합니다. 그렇다면 어떻게 자신의 별을 빛나게 할 수 있나요?

첫 번째, 대중의 신뢰를 얻도록 노력해야 합니다.

신뢰를 얻기 위해서는 먼저 거짓을 말하지 않고, 양심과 윤리를 잃지 말아야 합니다. 신뢰는 자기 자신과의 약속을 지키고 이행하는 것입니다. 그리고 상대방을 배려하고 공감하는 것입니다.

두 번째, 자신을 투명하게 내보여야 합니다.

자신의 과거와 현재에 일어나는 모든 행동과 사건을 투명하게 내보이는 삶을 살아야 합니다. 이제는 누구도 남을 거짓으로 속이지 못합니다. 언젠가는 거짓은 드러나고 세상에 밝혀집니다. 많이 알리고 드러낼수록 명성은 높아지고 자신의 별은 빛이 납니다.

세 번째, 자신을 알리고 글로써 표현합시다.

떨어져 사는 가족과 친지에게 편지를 씁시다. 친구나 선배에게 전화를 걸어봅시다. 아는 분과 이웃들에게 종종 안부를 물어봅시다. 혼자 있을 때는 글로써 자신을 표현하고 카페에 올리거나 블로그를 작성합시다.

사람은 누구나 별이 되어 살아갑니다.

사람은 살아서도 별이지만, 죽어서도 별이 되어 기억 속에 남아 있습니다.

〈코코〉라는 영화를 본 적이 있습니까? 코코라는 이름의 음악을 좋아하는 멕시코 소년의 이야기를 그린 애니메이션 영화로, 가족에 대한 사랑과 기억이 얼마나 중요한지 우리에게 알려줍니다.

영화의 스토리는 죽음 후의 사자들이 계속 살아가는 모습을 통해 산자의 책임과 가족 사랑을 일깨웁니다.

우리의 제삿날처럼 멕시코인의 전통과 인식 속에는, 죽은 자들도 저승 세계에서 계속 살아 있으며, 가족의 제삿날이 되면, 출입 비자를 부여받고, 이승 세계와 현실 세계의 다리를 건너, 사랑하던 가족과 면회도 하고, 저승 세계에서도 영원히 살아남습니다.

다만 직계 자손들의 기억 속에서 잊힐수록 사자들의 실체도 서서히 사라져 저승 세계에도 존재할 수 없음을 보여주어, 가족 사랑의 소중함과 교훈을 우리에게 가르쳐줍니다.

윤동주 시인이 그런 것처럼 밤하늘의 별을 바라보며, 우리도 많은 사람과의 관계를 다시 되돌아보고, 그리운 사람들의 이름을 기억하여 그 별빛이 바래지 않기를 기대해봅니다.

3

나의 꿈은 무엇인가?

벌써 2월입니다. 지금 당신의 새해 다짐은 잘 지켜지고 있습니까?

설 명절을 지나고 나서 지난달 연초에 세웠던, 신년 나의 계획에 대해서 생각해봅니다. 새해가 되면 대부분 사람이 자기 자신의 변화를 꿈꾸며 이루고 싶은 몇 가지를 다짐하고 실천을 약속합니다. 하지만 대개는 설 명절을 고비로 의지가 허물어지고 실천을 미루는 자신을 발견하게 됩니다.

건강을 위한 운동이나 다이어트, 금연, 성장을 위한 영어 공부나 독서 계획 등 각자가 세운 계획이 지금도 지켜지고 있다면 좋겠습니다. 세상은 매일 변합니다. 오늘도 변화는 계속되고 있습니다. 지금 당신은 변화하고 있습니까? 저는 올해 초에 나 자신이 쓸모 있는 인간이 되기로 다짐했습니다. 가치를 만드는 사람만이 언제나 필요한 사람이 됩니다. 삶과 세상의 변화를 생활의 기본적 원리로 받아들이는 것은 매우 중요한 깨달음입니다. 아울러 세상과 사회의 변화를 바라보며, 그 변화의 방향을 알고 자신의 욕망과 그것을 연결할 수 있는 것은 바로 기회를 만들어가는 것입니다.

지금 당신의 꿈은 무엇입니까?

다시 말해 당신이 바라는 소망과 비전은 무엇입니까? 마음을 열고 그 바람의 모습이 무엇인지 다시 바라보십시오.

인간의 비전, 그것은 바로 우리 행복의 원천이기에 언제나 필요합니다.

그러나 때때로 우리는 그 꿈의 방향이 바른 것인지, 제대로 가고 있는지 새롭게 정의할 시기가 있습니다. 바로 우리의 외부 환경이 변화하거나 새로운 도전의 과제가 필요한 순간에는 자기의 목표가 어떤 것인지 다시 바라보아야 할 때입니다.

만일 당신의 목표가 스스로에 대해서 자부심을 느끼지 못한다면, 우리는 서둘러 그 목표를 재정립해야 합니다. 나의 꿈이 나의 의식에서 바람직한 꿈인지, 나와 관련된 이해관계자와 외부에도 좋은 영향을 주고 있는지 잘 관찰하십시오.

나의 내면의 욕망 그것이 내 자신의 비전과 일치할 때, 그 꿈은 비로소 바람직하고 이상적인 행동기준이 됩니다. 우리는 바른 비전을 통해서 미래의 꿈을 가지며, 현재의 어려움을 넘어 자신을 쇄신하고 변화시킬 수 있습니다.

당신의 꿈이 아름다운 비전이 되면 좋겠습니다. 우리는 자기가 하고 싶은 것, 되고 싶은 것을 희망합니다. 그 희망의 실행과 표출은 곧 우리의 의지가 되고 맙니다.

사회적 인간으로서 우리는 사회에게서 부여받은 역할을 가지고 있습니다. 사회는 나에게 책임을 맡겼으며 약속을 이행하라고 강요합니다. 체면과 염치, 탐욕과 무법의 탈피, 모든 악과 유혹에 대한 절제, 양심의 회복이 필요합니다.

우리의 세상은 한없이 변합니다. 우리의 가치 개념도 언제나 변합니다. 우리의 삶에는 흥분과 활력이 있어야 합니다. 일상은 그저 지루한 일이나 단순한 노력의 연속이기만 해서는 안 됩니다. 당신은 일상을 살면서 바라는 것이 무엇입니까? 내 영혼의 한 올 한 올을 풀어 갈망하는 것은 무엇입니까?

나는 한 가지 일을 아주 잘하고 싶습니다. 그리고 하루하루 조금씩 더 잘할 수 있기를 바랍니다. 나이가 들어서도 매일 그 일을 하고, 어제보다 더 나아졌다는 것을 느낄 수 있기를 바랍니다.

파블로 카살스는 위대한 첼리스트입니다. 그는 95세가 되었을 때도 하루에 여섯 시간씩 연습하는 것으로 알려졌습니다. 그는 이미 위대한 대가가 되었지만, 자신의 연주 실력이 매일 조금씩 향상된다는 것을 느낀다고 말했습니다. 배우고 익히는 것이 즐거움임을 깨닫고, 그는 매일 실천하고 연습했습니다.

우리는 모두 자신만의 깊은 꿈을 가져야 합니다. 우리는 하루에 한 시간이나 두 시간 그 꿈을 위해 투자하고 시간을 쓰지 않으면 안 됩니다. 언제나 그 꿈이 사라지지 않도록 돌봐주어야 합니다. 올해 연초에 계획한 꿈이 있으시다면, 그 꿈에 시간을 쓸 수 있는 자신만의 고집을 간직하기를 바랍니다.

한번 시작한 일은 멈추지 마십시오. 올 한해 이루기로 다짐한 일이 있다면 지금 다시 되돌아보고, 잘못이 있다면 계획을 수정하십시오. 자기가 선택한 일이 스스로의 가치를 창출하고 성장하는 일이라면, 결코 멈추지 않아야 합니다. 당신의 의지를 응원합니다. 당신의 노력을 응원합니다.

4

꿈을 목표로 바꾸는 방법

사람은 무엇으로 사는가?

이렇게 물어보면 무엇이라 답을 할까요?

밥과 빵, 공기와 물이 필요합니다. 많은 사람이 이렇게 답을 할 것입니다.

최근 서울시가 조사한 자료에 의하면, 실업자 4명 중 1명이 고학력 실업자라고 하며, 약 80만 명의 실업자가 발생했다고 발표했습니다. 또 얼마 전에는 쥐꼬리만 한 수입과 그로 인한 생활고에 지친 서울의 한 가족

세 명이 스스로 삶을 포기한 사례도 있었습니다. 지금 우리 주변의 젊은 층은 물론 가족 전체의 생계를 책임지고 있는 가장과 그 가족들의 좌절과 고통을 바라보며 생각나는 것이 있습니다.

지금 우리에게 가장 필요한 것은 일과 꿈입니다.

하지만 많은 젊은 층은 일을 갖지 못하고 있고, 중장년층도 일터에서 조기 퇴직 등으로 일을 잃고 있습니다. 젊은 층이든, 나이 든 사람이든 사람은 누구나 일하고 싶어합니다. 그리고 보다 잘살아보려는 꿈을 꿉니다.

일하고 싶어도 일할 수 없는 것도 문제이지만, 더 큰 문제는 꿈도 의지도 잃어버리고 그저 되는 대로, 아니면 희망을 포기한 채 살아가는 사람들이 자꾸 늘어난다는 것입니다.

꼭 이루고 싶은 꿈이 없는 사람, 하고 싶고, 할 수 있는 것이 무엇인지 생각조차 없는 사람, 인턴과 아르바이트조차도 구하지 못하는 젊은이들에게 하고 싶은 말은 이것입니다.

일, 직업을 찾는 일은 바로 자신을 찾아가는 과정입니다. 나는 어떤 일을 하고 싶은지, 어떤 사람들과 함께 어울리고, 또 어떤 사람들에게 어떤 영향을 미칠 것인지도 스스로 계속 질문하면서 찾아가는 작업입니다. 그리고 지금까지 무엇을 준비했고, 얼마나 갖추었는지도 살펴보아야 합니다.

모든 일에는 시작이 있습니다.

그 시작은, 작은 것부터 시작해서 더 큰 것에 도달하도록 차근차근 한 발 한 발 나아가야 합니다. 한 걸음 두 걸음 작은 성취에서 큰 성공으로 이어갈 수 있어야 합니다. 정상을 향해 산에 올라가는 산악인도 처음에는 산 아래에서 출발해야 합니다. 『중용』에서는 "먼 길을 가는 것은 가까운 곳에서 비롯되고, 높은 곳에 오른 것은 낮은 곳으로부터 출발한다."고 했습니다.

그렇지만 무엇보다 우리가 가장 먼저 해야 할 일은 다시 꿈을 가지는 것입니다. 현실과 타협하지 않는 그런 꿈을 가지십시오. 그 꿈이 허황한 꿈으로 끝나지 않으려면, 도달치 못하는 꿈이 아니라 이룰 수 있는 목표로 바뀌어야 합니다.

꿈을 목표로 바꾸는 방법은 무엇일까요?
그것은 나의 과거로부터 변화를 시작한다는 결단을 하면 됩니다.

변화를 결단하고, 다음은 계획하십시오. 그리고 그다음은 실행하시면 됩니다. '난 못해.', '할 수 없어.'라는 말은 아무것도 이루지 못하지만, '해 볼 거야', '할 수 있어'라는 말은 기적을 만들어 냅니다.

그 어떤 목표이든, 결심하고 실행하면, 꿈은 더 이상의 꿈이 아니라 현실이 됩니다.

꿈을 현실로 만들어가기 바랍니다.

5

끊임없이 노력하며
최고의 타이밍을 노려라

사무엘 베케트의 희곡 『고도를 기다리며』를 보면, 주인공인 블라디미르와 에스트라공 두 사람은 누군가를 기다리고 있습니다. 연극의 막이 오르면 기다리는 장면이 나오고, 연극의 막이 내릴 때도 기다림으로 끝납니다. 과연 그들은 무엇을 기다리고 있는 걸까요?

우리의 삶도 기다림의 연속입니다. 우리의 희망도, 꿈도, 행복도 모두가 기다림의 결과입니다. 기다림은 참고 견디는 것입니다. 기다림은 인내입니다. 그러나 기다림은 단순히 가만히 있는 것은 아닙니다. 기다리는 동안 우리는 끊임없이 무엇인가를 생각하고, 무엇인가를 행동하며 기다려야 합니다. 기다림은 침묵과는 다른 의미입니다.

삶은 곧 움직임입니다. 내일의 삶을 위해서는 오늘 움직여야 하고, 내일 움직여야 모레도 살아갈 수 있습니다. 희망도 꿈도 행복도 그 움직임 후에 가능한 것입니다. 기다림은 우리가 가야 할 목적지입니다. 기다림은 곧 내가 도달해야 할 행복한 곳입니다.

기다림의 미학을 강조한 책이 한 권 있습니다. 바로 『마시멜로 이야기』입니다. 이 책은 40년 전, 스탠퍼드 대학에서 진행된 연구에서 시작되었습니다. 당시 실험에서 연구자들은 어린이들을 혼자 방에 남겨두면서 마시멜로를 하나씩 주었습니다. 그리고는 지금 먹어도 좋지만 15분간 먹지 않고 참으면 기다림에 대한 보상으로 마시멜로를 하나 더 받을 것이라고 알려 주었습니다. 받자마자 냉큼 먹은 아이들도 있었고 15분간 참아서 상을 받은 아이들도 있었습니다. 연구의 중요한 결과는 세월이 더 흐른 뒤에 나왔습니다. 실험 14년 후, 연구자들은 실험 대상이었던 아이들을 다시 찾아갔습니다. 그리고 15분간 참았던 아이들이 마시멜로를 당장 먹은 아이들보다 훨씬 성공했다는 사실을 알게 되었습니다. 이 책이 우리에게 주는 교훈은 기다림의 진정한 의미입니다.

인내라는 것은 뭔가를 희생하고 포기하는 것이 아닙니다.

기다림은 더 좋은 무언가를 위해 노력하는 것입니다. 그리고 인생에서의 목표를 절대 잊지 않는 것입니다.

우리 역시 인생이라는 바다 위에서 출렁이다가, 자신의 목표를 잃어버린 순간이 있습니다. 인생을 살다 보면 누구나 여러 차례 변화와 마주칩니다. 삶이라는 과정에서 어쩔 수 없이 받아들여야 하는 변화도 있고, 자신의 선택에 따라오는 변화도 있습니다.

긍정적인 변화도 있고 피하고 싶은 변화도 있습니다. 내 의지와 상관없이 세상이 달라지기도 합니다. 이 모든 변화는 성공으로 향하는 우리의 여정에 걸림돌이 되기도 합니다. 그러나 우리는 그 변화를 참고 견디어내야 합니다. 비록 지금은 어려움이 있다 해도 절망하여 주저앉지 말고, 좀 더 기다리고 끈기 있게 행동하면 더 큰 기쁨을 누릴 수 있습니다.

우리가 가는 그곳에는 도착하는 시간이 다 다릅니다. 누군가는 나보다 조금 먼저, 누군가는 나보다 더 늦게 도착할 수 있습니다. 우리에게는 각자의 시와 때가 있습니다. 바로 내가 시작하고 내가 도착하는 시간이 다른 것입니다.

기다림은 우리 각자가 성지시자(成知時自)가 되는 것입니다. 자기가 이룰 시간과 때를 아는 것이 성지시자입니다. 우리 개인은 스스로 성지

시자가 되어야 합니다. 자기가 나서야 할 때, 자기가 행동해야 할 때, 자기가 침묵하여야 할 때를 알아야 합니다. 우리 모두에게는 자기만의 운명과 고유의 사명이 있는 것입니다.

기다림은 준비의 시간입니다. 기다림은 노력입니다. 기회는 준비된 자에게 옵니다. 행운도 노력하는 사람에게 다가오는 것입니다. 다만 목적 없는 노력은 그저 노력일 뿐입니다. 최종 목적지를 알고 길을 가는 것은 즐거운 여행이지만 목적도 없이 걷는 것은 방황입니다.

삶의 목표와 노력, 그리고 기다림.

이 세 가지 메시지는 자기계발과 변화를 바라는 사람들에게 빼놓을 수 없는 가장 중요한 덕목입니다. 목적지 없이 길을 떠날 수는 없습니다. 노력 없이, 성공할 수 없습니다. 기다림 없이 행복한 그곳에 도달할 수 없습니다. 나는 지금 내일 내가 가고 싶은 행복한 나라를 꿈꿉니다. 당신도 함께 꿈을 꾸시기 바랍니다. 당신의 특별한 내일을 기다리십시오. 당신의 소중한 오늘을 붙잡으십시오. 오늘이 없는 내일은 없습니다. 그렇다면 오늘을 어제와는 다르게 바꾸어가기 바랍니다.

인생에는 누구나 나만의 마시멜로가 있습니다.

그 마시멜로를 소중하게 간직해봅시다.

인생이라는 마라톤에서 마시멜로는 뜻밖의 선물이 될 수 있을 겁니다.

6

우연한 성공은 없다!
성공자들의 비결은?

　사람은 누구나 성공을 원합니다. 자신의 분야에서 정상에 서기를 바랍니다. 하지만 그것은 쉬운 일만은 아닙니다. 성공을 꿈꾸는 것은 누구나 할 수 있는 일이지만, 실제로 인생에서 성공의 꿈을 이룬 사람은 소수입니다.

　멋진 성공 스토리와 함께 정상에 오른 사람을 만났을 때, 진심으로 경의를 표하게 됩니다. 한 분야에서 정상에 오른 최고 지도자, 혹은 앞서가는 리더들의 경우, 아주 예외적인 경우가 아니면, 그들에게는 분명 성공 유전자가 있습니다. 그렇다면 리더의 조건, 성공의 DNA는 과연 무엇을 말하는 것일까요? 성공한 사람들의 생각과 행동을 살펴보면, 몇 가지 공통의 특징과 조건을 발견할 수 있습니다.

첫째, 절대 긍정의 신념과 불꽃 같은 열정입니다.

사람들은 누구나 즐겁고 힘이 넘치며, 스스로 혁신적인 무언가를 만들어 낼 수 있는 환경에서 일하고 싶어 합니다. 우리는 삶의 대부분, 깨어 있는 시간의 75%가량을 일에 관련된 활동을 하고 있습니다. 우리가 그토록 많은 시간을 일해야 한다면, 그 일을 즐기고, 또 일을 통해 에너지를 얻을 수 있어야 합니다. 그러나 현실 세계는 완벽하고 이상적인 환경이 아니라, 부족하고 불만족한 장애 요인과 걸림돌이 많습니다. 또 많은 사람이 아직 자신의 진정한 사명이나 꿈을 발견하지 못한 채, 새로운 직장이나 일을 찾아 나설 열정이나 에너지가 고갈된 상태일 수도 있습니다.

『펄떡이는 물고기처럼』의 저자 스티븐 C. 런딘 박사는, 우리가 지금 하는 일을 사랑하는 방법 중에서 가장 중요한 조건으로, 우리의 내면 깊은 곳에 긍정 에너지와 열정의 자원을 찾아내고 간직하여야 한다고 말합니다. 만약 내가 어떤 변화를 위하는 과정에 착수한다면, 가장 첫 번째 단계는 나의 태도를 선택하는 것입니다. 그것은 스스로 자신의 신념을 믿고, 무슨 일이 있어도 난 해낼 수 있다는 것을 믿는 일입니다. 또한 성공은 단지 결과가 아니라 성취의 과정입니다. 자신의 목표와 사명을 완수하기 위해서는, 두려움을 떨쳐내고 지속적인 전진을 할 수 있는 열정이 있어야 합니다.

둘째, 자기가 하는 일에 대한 분명한 가치관과 확실한 목표 의식입니다.

사람과 기업의 본질이 무엇일까요? 그것은 바로 생각과 가치관입니다. 기업은 자본과 사람을 이용하여 생산하고, 기업 이익을 내야 합니다. 결국 그 회사 임직원들의 생각과 가치관이 그 기업의 성과를 낳을 수 있습니다. 성공하는 사람, 성공하는 기업은 돈보다 가치가 더 중요합니다. 『좋은 기업을 넘어 위대한 기업으로』의 저자인 짐 콜린스는 "모든 위대한 기업의 핵심 요소는 가치관"이라고 말한 바 있습니다. 그런 사람과 기업의 가치관을 어떻게 알 수 있을까요? 그것은 다음 질문에 대한 답을 통해 알 수 있습니다.

'우리 회사는 왜 존재하는가(why)?'
'우리 회사에서 무엇이 가장 중요하며, 어떻게 사업할 것인가(how)?'
'우리 회사는 10~20년 후 어떻게 될 것인가(what)?'

이 세 질문에 대한 답을 기업에서는 각각 사명, 핵심가치, 비전이라고 말합니다. 아울러 개인의 사명을 알아보기 위해서는 이렇게 질문합니다.

"당신은 무엇을 하는 사람입니까?"

셋째, 끈질긴 노력과 실행력입니다.

성공이란 무엇인가를 생각해봅니다. 한 번 성공했다고 그것이 성공일까요? 그것은 결코 아닙니다. 또 한 번 실패했다고 그것이 실패인가, 그것도 아닙니다. 목표를 가지고 하는 일에서 한 번, 두 번, 세 번 계속 성공하고, 성공을 이어가야만 그것이 진정한 성공입니다. 세상에 땀 흘리지 않고 우연히 지속해서 성공하는 경우란 없습니다. 만약 노력하지 않고 얻어진 좋은 결과가 있다면, 그것은 그야말로 일시적인 현상일 뿐, 결국은 실패하고 말 것입니다.

넷째, 하는 일에 대한 자부심과 즐기는 마음을 가지는 것입니다.

자기가 하는 일을 좋아하고 즐기는 사람을 이기는 방법은 없습니다. 성공한 리더들은 항상 자기가 하는 일과 사업을 즐거운 마음으로 이끌어가고 있음을 알 수 있습니다. 일 자체를 즐기고 즐거워한다면, 열정적으로 그 일에 몰입하지 않을 수 없습니다. 그러므로 열정적으로 땀 흘려 일하는 것과 놀듯이 즐기며 일한다는 것은 근본적으로 같은 말입니다. 일을 즐길 줄 모르는 사람은 열심히 할 수도 없는 것입니다.

성공을 원하신다면 우선 즐겁게 일하십시오.

7

미래의 행복만 중요한 것은 아니다

물질적으로 보면 현대사회는 과거 어느 때보다도 풍족하고 부유합니다. 그러나 지금 당신에게 과거보다 현재가 그만큼 더 행복해졌느냐고 묻는다면, 아마 대부분 아니라고 답할 것입니다.

현대인에게 진정한 행복이란 무엇일까요? 행복은 모든 사람의 인생의 기준이자, 모든 삶의 최종 목적지일 수 있습니다. 혹자는 말합니다. 죽어라 뛰어다니며 일하지 않으면 먹고살기 어려운 이 치열한 경쟁 시대에, 한가로이 행복을 논할 시간이 어디 있는가?

대부분 사람은 오늘의 행복을 뒤로하고, 내일의 행복을 위해 달려가고 있습니다.

그렇게 살다 보니, 정작 지금은 행복하지 않은 사람들이 대부분입니다. 그러나 이것은 분명 뭔가 잘못된 삶의 방향입니다. 모두가 조금이라도 빨리 목적지에 도착해야 한다는 일념으로 내달리며 살아가는 모양입니다. 그러다 보니 내 앞에 놓여 있는 멋진 사물도, 내 옆에 존재하는 아름다운 풍경도, 웃음 짓는 미소도 보지 못하고 지나가고 맙니다.

알프스 산맥 중턱에 시원하게 뚫린 넓은 도로가 있고, 이 도로에는 눈에 띄는 표지판이 하나 있습니다.

'천천히 가면서 즐겨보세요'

이것은 아름다운 절경을 눈앞에 두고도 보지 못하고 지나치는 것을 일깨우기 위해 세워둔 표지판이라 생각됩니다. 나의 인생에도 이제부터 마음속에 이런 표지판이 필요합니다.

'느린 걸음으로 즐기세요'

잠깐의 여유도 없이 맹목적으로 바쁘게 살아가는 현대인들은, 주변을 돌아볼 정신적 여유도 없이 살아갑니다. 이렇게 바쁘게 살아가는 동안 어쩌면 우리는 많은 것을 잃고 있는지도 모릅니다. 아침부터 저녁까지 바쁜 스케줄을 만들어놓고, 나는 어쩔 수 없이 그렇게 살아가고 있다고 생각하고, 충실하게 살아가고 있다고 스스로 위로하지만, 사실은 공허함과 우울함에 쌓여 마음속은 늘 불행하다고 느끼고 있지 않을까요?

사람들은 입버릇처럼 너무 바빠서 도저히 쉴 만한 여유가 없다고 말합니다. 하지만 아무리 바빠도 의도적으로 쉴 시간을 만들어야 합니다. 그래야 생활에 긴장과 이완이 반복되면서, 더 멀리 더 높이 나갈 힘을 얻을 수 있습니다.

가끔은 바쁜 걸음을 멈추고 자신을 둘러싼 세상을 바라봅시다.
봄에 피는 꽃과 가을에 지는 달, 뜨거운 여름을 식히는 시원한 바람과 겨울을 감싸는 눈을 음미해보시기 바랍니다. 어쩌면 우리는 먹고살기 위해, 성공하기 위해, 더 많은 것을 얻기 위해, 무조건 앞만 보고 달려왔는지도 모릅니다.

또한 현대인은 대부분 생활에 쫓겨서 바쁘게 사느라 늘 피로에 쌓여 있습니다. 그 피로는 신체뿐만 아니라 정신적 피로 역시 만만치 않습니다. 우리는 스스로 생활의 리듬을 적당히 늦추고, 휴식 속에서 인생의 참 정취를 찾아낼 줄 알아야 합니다.

사실 행복은 언제나 우리 곁에 있습니다. 조금만 생각을 바꾸면 행복을 어렵지 않게 발견할 수 있고, 행복을 느낄 수 있습니다. 하지만 우리의 내면에 자리한 갖가지 스트레스와 부정적인 감정이 우리의 행복을 갉아먹고, 방해하고 있기 때문에 행복이 멀리 느껴지는 것입니다.

잠시 쉬지도, 멈추지도 않고 달려가는 삶은 불행합니다.
조급한 마음을 버리고 천천히 걸으면서, 앞만 바라보던 시선을 돌려 자신이 걸어온 길과 주변을 살피고, 먼 곳의 풍경을 바라보는 여유를 가져보시기 바랍니다.

결심을 깨트리지 않고 지속할 수 있게 하는
습관의 힘

어떻게 하면 나의 결심을 깨트리지 않고 실현할 수 있을까?

하지만 이것을 실천하려면 넘어야 할 장벽이 3가지 있습니다.

첫째, 바로 작심삼일의 장벽입니다.

둘째, 지속적 습관 만들기의 장벽입니다.

셋째, 구체적 목표 수립과 실천의 장벽입니다.

지속적 습관을 익히는 다양한 방법이 있습니다.

새로운 습관을 익히기 위해서는 3주간 지속의 원칙이 있습니다. 즉 21일 동안 매일 작은 행동과 짧은 시간이라도 기필코 실천하는 것입니다. 어떤 행위도 매일 동일 시간에 동일 행동을 반복하면 뇌가 스스로 작동하는 장기 습관 모드로 변하게 됩니다.

다음은 목표를 구체적으로 만들고 작은 단위로 쪼개는 방법입니다.

추상적이고 막연한 목표가 아니라 구체적으로 눈에 보이는 목표 항목을 만들고 작은 실천 항목의 체크리스트를 만드는 것입니다. 가령 '부자가 되기 위해 돈을 아낀다'가 아니라 '매일 커피 마시기(하루 1회)를 줄여 1달에 용돈 5만 원을 줄인다'라고 해야 합니다. 또한 '체중을 줄인다'가 아니라 매 식사 때마다 밥은 반 공기만 먹고 3개월 동안 체중 10kg을 뺀다'라고 해야 합니다.

마지막으로 한 가지 중요한 일에 몰입하는 방법입니다.

많은 것을 하는 대신 한두 가지 중요한 일에 집중하는 것입니다. 나에게 있어 가장 중요하고 시급한 과제가 무엇인지 그것을 목표로 삼으세요. 가장 중요한 목표를 파악한 다음에는 어떤 작은 일을 해야 그것을 달성할 수 있을지 어떤 습관을 만들지 생각합니다.

인생은 하루하루의 습관 속에 행복을 찾고 성장을 해나가는 마라톤입니다. 당신의 몸과 마음에 새로운 목표와 도전이 필요합니다. 어딘가에 도달하려면 하루하루 실천하는 그 무엇이 꼭 필요합니다. 당신에게도 무언가를 배우려는 마음, 무언가를 시작하려는 새로운 용기가 필요합니다.

무엇보다 독한 습관 한 가지를 꼭 만들기를 제안드립니다. 처음은 조금 힘들지라도 3일을 견디고 21일만 실천해보세요. 당신의 행복과 위대한 성취를 희망한다면 하루 한 가지라도 반드시 실천하는 독한 습관 하나를 만들어봅시다.

『계속하게 만드는 하루관리 습관』을 쓴 저자 케빈 크루즈 교수는 이렇게 말합니다.

"현실주의자가 돼야 한다."
"소중한 것을 먼저 하라."

삶에 우선순위를 정하고 그것을 고수해야 합니다. 가족이나 친구와 보내는 시간은 유지하되 게임이나 TV 시청처럼 가치가 낮은 일들은 빨리 줄일 것을 권합니다. 어려운 선택을 해야 할 때는 장기적인 관점에서 바라보세요. 자신이 내린 선택에 죄책감을 느끼면서 시간을 낭비하지 말고 장기적인 성공으로 이끌 효과적인 타협이라고 생각합니다.

"잠자리에 들기 전에 내일 해야 하는 가장 중요한 과제 세 가지를 정하라."

다른 일도 할 수 있지만 이 과제들은 반드시 해야 합니다. 하루 중 가장 생산성이 높은 시간을 파악하고 가능하다면 그 시간에 해당 과제를 하세요. 과제를 진행할 때는 집중할 수 있도록 모든 방해 요소를 없애세요. 필요하다면 과제를 작은 단위로 나누고 타이머를 설정하여 30분에서 1시간 동안 집중합니다.

"우선순위를 정하라."

나는 항상 그날 끝내야 하는 중요한 일들을 우선순위로 삼습니다. 가장 먼저 하는 일은 언제나 읽기와 공부입니다. 그 다음은 글쓰기와 운동(혹은 걷기와 산책)이며, 그다음 가족, 친구와 어울리는 일입니다.

사람들은 대개 하루를 사소한 일, 진정으로 중요한 일이 아닌 것에 시간을 낭비합니다. 무엇이 문제일까요?

중요한 일은 종종 두려움을 수반합니다. 또 중요한 일은 우리를 익숙한 것으로부터 밀어냅니다. 그래서 사람들은 대부분 기피하려 듭니다. 그러나 귀찮고 불편함을 이겨내고 중요한 일을 시작하면 우리의 삶이 바뀝니다. 당신도 꼭 독한 습관 한 가지를 만들어 보십시오.

SELF
MARK
ETING

Part 4

관계를 바꾸는
셀프 마케팅 원칙 2
- 소통하라

1

모든 성공의 시작,
커뮤니케이션

좋은 커뮤니케이션, 진정한 커뮤니케이션의 가치를 생각해봅니다. 디지털 기술의 발달로 우리 사회는 양극화 현상이 점점 심해지고 있습니다. 정보와 빈부의 격차는 물론 세대 간 갈등, 경쟁 심화 등과 같은 현상들이 더 크게 나타나고 있습니다.

기업은 혁신의 속도를 높이고 산업은 발전하고 국가는 더욱 부강해지고 있지만, 개인의 삶의 질은 더욱 떨어지고 있습니다. 인간 개개인의 욕구와 상상력은 더욱 향상되고 넓어져가지만 사람 사이의 단절은 더욱 심해졌습니다. 불균형과 불일치의 메시지가 곳곳에서 들려오고 있습니다. 지금은 커뮤니케이션이 더 많은 역할을 할 때입니다.

'커뮤니케이션'이란 다름 아닌 "보이고 말하기"(show and tell)입니다. 또한 보기와 듣기(see and hear)입니다. 좋은 커뮤니케이션을 위해서 무엇을 보이고 무엇을 말해야 할까요? 어떻게 보고 어떻게 들어야 할까요?

이러한 커뮤니케이션이 한 방향으로만 흘러갈 때 문제가 생깁니다. 그리고 이러한 커뮤니케이션이 너무 과한 것이 문제가 되는 것입니다. 따라서 지금 우리는 커뮤니케이션에 관해서도 새로운 시각이 필요합니다.

현대는 정보 과잉 사회입니다. 정보의 양은 폭발적으로 증가하고 있습니다. 개인과 집단 간의 이해관계가 서로 엇갈리고 대립이 격해지기도 합니다. 기업 간 경쟁은 물론 개인 간의 경쟁도 날로 치열해지고 있습니다. 우리 인간의 머릿속은 온갖 정보들과 계층 간 세대 간 갈등, 해결해야 할 과제들로 가득 차 조금의 여유 공간도 없어 보입니다. 여기에 더하여 우리의 머릿속의 기억에는 한계가 있습니다. 정보 과잉 사회에 대한 방어 기제로 사람이 할 수 있는 유일한 방법은 머릿속을 단순화하는 것입니다. 커뮤니케이션의 세계에서 정보의 양이 너무 많아서 생겨난 문제들을 우리가 인식하지 못하고 있는 건 아닐까요?

비즈니스 문제, 또는 사회 문제를 해결하기 위해 커뮤니케이션을 과하게 사용하면 우리들의 채널은 포화되어, 극히 적은 부분의 메시지밖에는 전달되지 않습니다. 이제부터 우리는 쉽고 단순하며 유익한 정보들만 취해야 합니다.

지금처럼 정보 과잉 사회에서 나타나는 역설적인 현상으로서 커뮤니케이션보다 더 중요한 것은 없습니다. 모든 성공의 시작은 커뮤니케이션에서 출발합니다. 당신을 지원하는 커뮤니케이션이 있다면 무엇이든지 가능합니다. 반대로 커뮤니케이션이 없으면 아무것도 이룰 수 없습니다. 당신이 얼마만큼의 재능과 야심이 있는지는 관계가 없습니다.

우리가 통상 인생에서 만나는 행운이라는 것도 사실은 커뮤니케이션이 잘 되었을 때의 결과입니다. 다시 말해 적절한 것을 적절한 사람에게 적절한 시간에 말한 결과입니다. 오늘날 많은 사람이나 상품이 성공을 거둘 수 있는 유일한 길은 나의 주변과 경쟁 상대가 무엇을 하고 있는가를 살피고, 나의 메시지를 만들고 적절한 시간을 포착하여 수신할 대화 상대의 머릿속에 세련되고 단순화된 메시지, 적절한 메시지로 전달하는 것입니다. 그 대상이 가족이든, 비즈니스 상대이든 직장 상사이든 친구이든 커뮤니케이션 기회를 얻는 것입니다. 그 메시지는 사랑의 고백이 될 수도 있으며, 비즈니스의 광고가 될 수도 있고, 자신이 풀 수 없는 문제나 고민거리이거나, 기발한 상상, 새로운 사업의 아이디어일 수도 있습니다.

다음은 이 메시지를 전달할 적절한 수단 즉 채널을 선택하여 신기만 하면 됩니다. 직접 대면을 하거나 인쇄나 전파 매체를 이용하거나 적당한 소셜 네트워크 서비스를 활용하여서 퍼트리는 것입니다. 그 메시지에 반응하고 공감하는 숫자가 늘어날수록 나의 문제는 해결되고 나의 힘은 더욱 커지게 됩니다.

오늘날은 단지 잘 알려졌다는 사실 하나만으로도 많은 것을 얻을 수 있습니다. 우리 주변의 다양한 미디어는 언제나 새롭고 이색적인 것과 신선한 얼굴을 찾고 있습니다. 당신이 자신을 밝힐 준비가 될 때까지는, 자신이 무명이라는 사실을 잊지 마시기 바랍니다. 하지만, 무명의 상품, 무명의 기업, 무명의 개인 그 누구도 더 많은 커뮤니케이션을 통해서 더 많은 것을 새롭게 얻을 수 있습니다.

2

나 자신과 끊임없이 대화하라

인간은 끊임없이 꿈을 꾸며 삽니다. 그리고 인간은 끊임없이 말을 하고 삽니다. 말이란 단순히 음성이나 문자 기호가 아닙니다. 말은 인격이고 말은 우리를 살아가게 하는 힘입니다. 말은 자신을 표현하고 다른 사람들과 소통하고 생각하기 위해, 이를 통해 우리 인생의 중요한 사건들을 이루기 위해, 우리가 가진 힘입니다. 말은 씨앗과 같습니다. 그리고 인간의 마음은 끊임없이 씨앗이 뿌려지고 있는 비옥한 땅과 같습니다. 의견, 생각, 개념 등이 말의 씨앗에 해당하는데, 일단 마음속에서 씨앗이 뿌려지면 그것은 자라기 시작합니다. 그래서 말은 우리의 운명을 결정하고 운명을 바꿀 수도 있습니다.

다음은 우리 일상에서 흔히 일어날 수 있는 대화입니다.

가족 중 누군가 어린 여자아이에게 자기 생각을 이렇게 말한다고 가정해봅시다. "이런, 애가 지지리도 못생겼네!" 그 말을 들은 소녀는 자신이 못생겼다고 믿고 그 생각을 간직한 채 성장하게 됩니다. 설령 그 소녀가 예쁘더라도 그건 중요하지 않습니다. 소녀가 그 말을 한 사람의 생각에 동의하는 한, 그녀는 자신이 못생겼다고 믿을 것입니다.

또 다른 예입니다. 어느 친구를 만났을 때, 그 순간 마음속에 떠오른 생각을 그에게 말한다고 합시다. "흠, 안색이 왜 그래? 꼭 암에 걸린 듯한 얼굴이네." 만일 그 친구가 이 말을 흘려듣지 않고 마음에 간직한다면, 그는 정말 일 년도 못 돼 암에 걸릴 것입니다. 이것이 바로 말의 힘입니다.

우리가 성장하는 동안 부모나 형제들은 무심코 우리에 대한 그들의 의견을 말합니다. 그리고 우리는 그들의 의견을 곧이곧대로 믿으면서 자신이 어떠한지 생각합니다. 자신이 똑똑한 아이인지, 미련한 아이인지를 스스로 규정하는 것입니다. 누구는 자신이 수영이나 운동, 또는 글쓰기에 소질이 없다는 두려움을 안고 살아갈 것입니다. 또한 누구는 자신이 꼭 훌륭한 의사나 사업가가 되리라고 믿으며 살아갈 수도 있습니다.

말에는 두 종류가 있습니다. 향기로 다가가서 꽃이 되는 말과 독으로 다가가서 칼이 되는 말입니다. 말을 어떻게 사용하느냐에 따라 말은 우리를 자유롭게 해줄 수도 있고, 우리가 아는 것보다 더 심각하게 우리를 구속할 수도 있습니다. 우리가 행하는 모든 마술은 우리가 하는 말에 의해 결정됩니다. 그러므로 말은 즐겁고 신나는 마술이기도 하지만, 잘못 사용할 경우 사악한 마술이 됩니다. 모든 인간은 다 마술사입니다. 그러므로 우리는 말로써 어떤 사람에게 주문을 걸 수도 있고, 걸린 주문을 풀 수도 있습니다. 사람들은 언제나 자신의 의견으로 주문을 겁니다.

말은 일단 우리의 주의를 끈 다음 우리 마음에 들어와, 기존의 모든 신념을 좀 더 좋은 쪽이나 나쁜 쪽으로 바꿀 수 있습니다.

예를 하나 더 들어봅니다. 당신은 아주 오래전부터 자신이 어리석다고 믿어 왔을 수도 있습니다. 당신은 어떤 일을 저지르고 나서 혼자 중얼거릴지도 모릅니다. "나도 좀 똑똑하면 얼마나 좋을까. 나는 멍청한 게 틀림없어. 그렇지 않았다면 이런 짓도 안 했겠지." 사람의 마음은 천 갈래 만 갈래 여러 갈래의 생각으로 빠져들 수 있습니다. 그런데 하필이면 자신이 멍청하다는 그 한 가지 믿음에 끌려 허송세월하는 사람들이 있습니다.

그러던 어느 날, 누군가 당신의 주의를 끈 다음 당신이 어리석지 않다는 사실을 말해줍니다. 당신은 그 사람의 말을 믿고 새로운 약속을 합니다. 그 결과 당신은 더는 자신이 어리석다고 느끼지 않고 어리석은 행동도 하지 않습니다. 오로지 말의 힘으로 총체적인 마법이 깨진 것입니다. 이와는 반대로 자신이 어리석다고 믿고 있는 당신에게 누군가 "나 참, 보다 보다 너처럼 멍청한 아이는 처음이다."라는 말을 했다고 하면, 이 말을 들은 당신은 자신이 어리석다고 더욱 굳게 믿을 것입니다.

우리가 일상에서 사용하는 말을 구분하면 여러 가지로 나눌 수 있습니다. 먼저 꽃이 되는 말, 사용하여야 할 말의 종류입니다. 그것은 바로 바른 말 고운 말입니다. 가능한 존댓말이나, 희망을 주는 말, 긍정을 담은 말을 사용하도록 합시다.

그리고 칼이 되는 말, 즉 사용하여서는 안 되는 말입니다. 그것은 저속한 말이나 욕설, 비속어입니다. 그리고 폭력적인 말이나 선정적인 말, 반말이나 조어입니다. 그리고 남을 비난하거나 험담하는 부정적인 말입니다. 마지막으로 가장 해서는 안 되는 말이 거짓말입니다. 그동안 우리는 다른 사람들과 혹은 자기 자신과 소통하면서 습관처럼 거짓말을 배워 왔습니다. 말하자면 말로 죄를 짓고 있는 것입니다.

어떤 사람들은 말의 힘을 철저하게 악용하여 살고 있습니다. 사람들을 저주하고 비난하고 트집 잡고 파괴하기 위해 말을 사용하는 경우입니다.

대개의 경우 개인의 독을 퍼트리기 위해, 분노, 질투, 시기, 증오 등을 표출하기 위해 말을 사용하는 것입니다. 하지만 말은 우리가 행할 수 있는 즐거운 마술입니다. 말은 우리 인간이 누릴 수 있는 가장 소중한 선물입니다. 말로써 우리는 행복을 꽃피울 수 있는 것입니다.

우리는 이제 우리의 마음 밭에 좋은 씨앗을 뿌려야 하겠습니다. 내가 나에게 하는 말, 내가 너에게 주는 말이 고운 말, 희망의 메시지로 담아지도록 스스로 약속합니다.

'그래, 넌 할 수 있어.'
'너는 잘 해낼 거야.'
'난 이룰 수 있어.'
'나는 꼭 이루고 말 거야.'

꿈은 이루어집니다. 당신이 희망의 말로 표현하면 꿈은 반드시 이루어집니다.

3

사람의 생존에
꼭 필요한 존재, 사람

사람에게 필요한 것은 수없이 많습니다. 물과 공기에서부터 의식주에 이르기까지, 생존에 필요한 많은 것 중에서 가장 필요한 것부터 순서를 매긴다면 어떤 순서가 될까요?

만일 자신이 무인도에 가게 된다면 무엇이 가장 필요할지, 회사 워크숍에서 가상 게임으로 토론해본 적이 있습니다. 그때 참가자들에게는 생존에 꼭 필요한 10가지를 선택하고, 우선순위를 매겨보라는 과제를 줬습니다. 지금 기억나는 것은 성냥과 나침반, 밧줄, 라디오, 나이프, 깡통,

손전등, 책 등이 있습니다. 아마 지금의 신세대는 스마트폰이나 인터넷을 선택할지도 모르겠습니다.

만약 이 물음에 한 가지만 선택하라고 한다면 당신은 무엇을 고르시겠습니까?

사람에게 필요한 것, 그것은 바로 사람입니다.
우리 사람에겐 사람이 필요합니다.

사람은 너와 내가 모여 공동체를 이루고 살아갑니다. 그 공동체는 바로 너와 나를 능가하는 우리가 되는 것입니다. 사람은 사회적 동물이고 너와 나의 관계 속에서 내가 존재하며, 네가 있으므로 나의 삶이 의미가 있게 됩니다. 그것은 우리의 가족관계에서부터 시작됩니다. 부부 관계, 부자 관계, 형제자매 관계, 더 나아가 친구 관계, 직장 동료, 상하 관계, 그리고 비즈니스 관계로 발전합니다. 우리는 이렇듯 나는 너에게 너는 나에게 서로의 삶에 영향을 주고 의지하며 살아가는 것입니다.

그런데 요즘 우리의 현실은 너와 나의 인간관계가 해체되고, 무너져가고 있습니다. 너와 나의 관계에서 의무와 도리가 무너지고, 책임과 윤리가 잊히고 있지는 않은지 생각해보기 바랍니다. 우리의 관계에도 문제가 있다면 치유의 시간과 노력이 필요합니다.

자신의 역할을 제대로 한다는 것이 참으로 어려운 일이라는 생각을 합니다. 남편의 역할, 자식의 역할, 부모의 역할, 공동체 조직원의 역할 등 우리는 자신의 의무와 역할보다는 상대방의 역할과 책임에만 기대를 하고 있습니다. 하지만 살다보면 그 기대에 부응하는 것이 그리 녹록지 않다는 것을 깨닫기도 합니다.

우리가 더불어 살아가기 위해서는 개인 중심의 자유, 자율, 공정함보다는 공동체 개념에 필요한 화합과 도리, 겸손과 양보, 책임과 의무 같은 가치가 중시되어야 합니다. 그런데 최근에는 이런 가치가 잘 지켜지지 않는 것을 자주 보고 느끼게 됩니다.

그리고 개인의 현실적 문제는 많은 부분에서 서로의 관계에서 오는 갈등으로 야기되고 있음을 알 수 있습니다. 그리고 무엇보다 심각하게 현재의 우리 모습에서 느끼는 것이 한 가지 더 있습니다. 바로 대화를 잃어버린 현대인들입니다.

사람 곁에는 사람이 있어야 합니다. 그런데 사람 곁에 사람은 없고 온통 미디어뿐입니다. 사람보다 더 가까운 것이 미디어입니다. 스마트폰, 인터넷, 게임기, 태블릿, MP3, TV 등 사람과 서로 얘기 나누고 대화하는 대신 온통 기계들과 함께 웃고 놀고 있습니다.

지하철을 타보면 이상한 풍경이 연출됩니다. 모두가 약속이나 한 듯이 똑같은 모습을 하고 있습니다. 손에 놓인 작은 기계 속에서 무언가에 빠져 있습니다. 심지어 함께 가족이 식사하는 자리에서도 우리의 자녀들은 태블릿이나 스마트폰을 켜놓은 채, 시선은 화면을 보면서 식사를 하는 풍경이 낯설지 않습니다.

프랑스 아비뇽 페스티벌의 2012년 공식 초청작인 현대무용 '비극—비극'을 보면 황량한 대지에 벌거벗은 채 내팽개쳐진 '나'가 '남'과 어울려 진짜 사람이 되는 줄거리입니다. 안무가 올리비에 뒤부아는 이 연극의 철학적 사유를 이렇게 말합니다.

"사람이라는 사실만으로 인간성이 생기는 것은 아닙니다. 함께 사는 사람을 만드는 게 중요합니다. 이 땅엔 60억 인구가 살아갑니다. 인간은 다른 인간과 함께 있을 때 비로소 인간다워진다고 할 수 있습니다."

너무나 소중한 사람을 잊어버리고, 대화를 잃어버린 현대인들입니다. 잊지 마세요. 사람에게 필요한 것, 그것은 바로 사람입니다.

4

성공의 85%는
사교 기술에서 나온다

어떤 사람은 우리 삶 속에 들어와 잠시 머물다 그냥 떠납니다. 어떤 사람은 잠시 머무는 동안 우리 삶을 크게 변화시키는 아름다운 발자국을 가슴속에 남겨놓고 떠납니다.

인간은 사회적 동물입니다. 우리는 외로움을 벗어나기 위해서, 나의 삶을 풍요롭게 영위하기 위해서 타인과 교류하며 살아갑니다. 남과 잘 어울리고 인기가 많을수록 나의 삶의 질은 높아집니다. 인간의 마음을 이해하고 활용하는 자만이 진정한 성공과 행복을 거머쥘 수 있습니다.

삶을 행복하게 경영하는 법은 무엇이고, 어떻게 하면 타인의 호감을 받고 그들과 잘 어울릴 수 있을까요?

당신은 주위 사람들로부터 어떻게 호감을 얻고 있습니까?

타인의 마음을 얻는 근본원리를 심리적으로 완벽하게 분석한 작가가 있습니다. 성공학의 대가이자 『성취심리』를 쓴 브라이언 트레이시는 책 속에서 '주변 사람이 좋아하는 사람이 되는 법'을 알려줍니다

사회지능(social intelligence)이란 다른 사람들과 잘 지내는 능력을 말합니다. 사회지능은 사회생활의 성공 요소로서도 가장 중요합니다. 실제로 사회지능이 발달한 사람들은 회사 내의 좋은 자리에서 높은 보수를 받고 있습니다. 일터에서 성공의 85%는 사교 기술에 의해 결정됩니다. 다른 사람들과 긍정적, 효과적으로 교류하고, 목표를 달성하는 데 상대방의 협력을 얻어내는 기술이 성공의 상당 부분을 좌우하기 때문입니다.

탁월한 인간관계를 계발하고 유지하는 방법을 배우는 것은, 경력과 개인 생활에 다른 어떤 것보다 큰 도움을 줍니다. 우리가 직장과 자신의 삶에 대해 실패, 불만, 불행을 겪게 되는 일차적인 원인은 다른 사람들과 잘 지내는 능력이 부족하기 때문입니다.

심리학자 시드니 쥬라드는 "대부분의 즐거움은 다른 사람들과의 행복

한 관계에서 생겨난다. 반면 문제가 발생하는 대부분은 그들과의 불행한 관계에서 온 것이다. 따라서 삶에 대한 문제의 대부분은 결국 사람 문제(People Problems)이다."라고 말했습니다.

이제 다른 사람들과 행복한 관계를 만들고, 조화롭고 평화롭게 함께 지내는 방법을 알려드립니다. 타인과 좋은 관계를 만들기 위해서 먼저 자신의 성격이 '건강한 성격'인지 점검해봅니다.

첫째, 성격이 건강한 사람들은 주변 사람들에게서 또는 어떤 상황 속에서 좋은 점만을 의도적으로 찾습니다. 따라서 주로 나쁜 점만을 찾는 사람의 성격은 그만큼 건강하지 못하다는 것입니다. 당신은 다른 사람들에게서 좋은 점을 찾습니까? 아니면 나쁜 점만 주로 찾으며 비판하고 불평하십니까?

둘째, 성격이 건강한 사람들은 다른 이들을 용서할 줄 압니다. 대부분의 불행과 심신 질환은 용서하는 능력의 결핍, 즉 사건이 이미 끝났음에도 불구하고 지속해서 원한을 품기 때문에 생깁니다. 사실 용서하는 행위 자체만으로도 마음의 해방이라는 효과를 얻을 수 있습니다. 건강한 성격을 지닌 사람들은 미워하지도 않고 과거의 일에 대해 분노와 원한을 품지도 않습니다. 그들은 마음속에서 지나간 좋지 않은 문제들을 지우고 흘려보낼 줄 압니다.

셋째, 성격이 건강한 사람들은 다른 여러 사람과 쉽게 어울립니다. 건강한 성격을 지닌 사람들은 다른 기질과 다른 성격, 다른 태도, 다른 가치관, 다른 의견을 가진 다양한 사람들과 잘 지냅니다.

자기 존중감과 자부심, 그리고 건강한 성격 사이에는 직접적인 관계가 있습니다. 자신을 좋아하고 존중하는 만큼 다른 사람들을 좋아하고 존중합니다. 자신이 가치 있고 훌륭하다고 생각하는 만큼 다른 사람들도 가치 있고 훌륭하다고 생각합니다. 자신을 있는 그대로 받아들일수록 다른 사람들도 그 자체로 받아들일 수 있습니다. 또한 자부심이 향상되면 여러 가지 면에서 다른 사람들과 더 오랫동안 잘 지낼 수 있을 뿐 아니라, 삶이 더 행복해지고 충실해집니다.

타인과의 우호적인 관계, 좋은 호감을 얻는 두 번째 방법은 우회 노력의 법칙을 적용하는 것입니다. '우회 노력의 법칙'은 사람들에게 직접 접근하기보다는 간접적으로 접근함으로써 인간관계에서 자신이 원하는 것을 거의 모두 얻을 수 있다는 것입니다. 우회 노력 법칙의 핵심은 상대방 존중과 관심, 신뢰입니다.

우리가 상대방에게 존경과 동경을 품고 그것을 표현하면, 상대방도 내게 존경과 동경을 느낍니다. 인간관계에서는 이것을 '보상의 원칙'이라고 부릅니다. 상대를 위해 무엇인가를 해주면 그 사람도 나를 위해 좋은 일로 보답하려고 합니다. 대부분의 사랑과 우정이 이 원칙에 기초하고 있습니다. 우리가 상대방을 신뢰하면 상대방도 우리를 신뢰합니다. 주는 대로 받고, 보내는 대로 돌아옵니다.

모든 사람은 무거운 짐을 지고 삽니다. 특히 자부심과 자신감 영역에서는 더욱더 그렇습니다. 누구나 한 번쯤은 열등감을 느껴봤을 것입니다. 그러다 보니 칭찬과 인정에 예민해지는 것입니다. 아무리 성공하고 사회적으로 높은 위치에 있더라도 인간은 지속해서 칭찬과 인정을 받고 싶어 합니다. 타인의 자부심을 높여주면 우리를 도와주는 사람도 늘어날 것입니다. 기회가 있을 때마다 주변 사람들이 자신을 가치 있는 존재라고 생각하도록 말하고 행동할 것을 권합니다.

마지막으로 주변 사람들의 자부심을 높이는 구체적인 방법을 말합니다.

하나, 웬만하면 동의하라.
둘, 논쟁을 피하라.

셋, '고맙습니다'라고 말하라.

넷, 인정과 칭찬을 아끼지 마라.

다섯, 찬사를 보내라.

여섯, 관심을 가지고 주의를 기울여라.

일곱, 부메랑 원리를 이용하라.

상대방의 자부심을 높여주고 진심으로 대하면 결국 그대로 나에게 돌아옵니다. 반대로 부정적인 생각을 표현해도 같은 원리가 적용됩니다.

당신이 호감을 얻기 바라신다면, 비판하고, 비난하고, 불평하고 싶은 충동을 자제하기 바랍니다. 상대방의 말에 찬성하고 그것을 수용하는 사람이 되길 바랍니다. 감사, 인정, 찬사를 보내기를, 진심으로 상대를 대하기를 바랍니다.

사람들을 기꺼이 움직이게 하는 힘

당신이 제안하는 일을 사람들이 기꺼이 하도록 만들고자 한다면 어떤 태도를 취해야 하는지 살펴봅시다. 다음과 같은 지도 지침을 항상 마음 속에 간직하고 있어야 할 것입니다.

신중하게 행동해야 합니다.

(지침 1) 자신이 할 수 없는 일은 섣불리 약속하지 말라.

(지침 2) 자신에 대한 이익은 잊어버리고, 다른 사람에 대한 이익에 마음을 집중하라.

다른 사람이 무엇을 원하고 있는지 정확하게 알고 있어야 합니다. 동정적이어야 합니다.

(지침 3) 다른 사람이 진심으로 무엇을 원하고 있는지를 자신에게 물어보라.

(지침 4) 당신이 제의하는 일을 함으로써 그 사람에게 어떤 이익이 돌아가는지를 생각하라.

(지침 5) 그러한 이익을 다른 사람의 소망과 일치시키도록 하라.

(지침 6) 요구를 할 때는 그 일을 함으로써 그 사람에게 이익이 돌아간다는 것을 암시하는 식의 방법을 취해서 하라.

반감을 사지 않고 사람을 대하는 9가지 방법

당신이 제안한 일을 상대가 기쁜 마음으로 행하기 위해서는 다음의 원칙을 실천해야 합니다.

(원칙1) 칭찬과 정직한 감사의 마음으로 시작하라.

(원칙2) 사람의 실수에 대해서 간접적으로 지적해주라.

(원칙3) 상대방을 비난하기 전에 자신의 실수에 대해서 먼저 이야기하라.

(원칙4) 직접적인 명령을 하기보다 질문을 하라.

(원칙5) 다른 사람의 체면을 세워주어라.

(원칙6) 조금만 잘해도 칭찬해주고, 잘한 일에 대해서는 모두 칭찬을 아끼지 말라. 잘했다고 할 때에는 진심으로 칭찬하고, 칭찬은 아낌없이 해주도록 하라.

(원칙7) 다른 사람에게 훌륭한 명성을 갖도록 해주어라.

(원칙8) 격려해주고, 실수를 고치기 쉬운 것으로 보이게 해주어라.

(원칙9) 당신이 제의하는 일을 사람들이 기꺼이 하도록 만들라.

5

신뢰와 존중으로
파트너십을 쌓아라

1) 강하고 장기적인 파트너십을 형성하라

관계는 자신의 모습을 발견할 수 있는 명확한 거울입니다. 자신의 브랜딩을 구축하는 데 이해관계자들과 장기적인 파트너십을 구축하는 것이 필요합니다. 그러기 위해서는 윈윈 파트너십을 형성함으로써 미래를 함께하기를 원하는 사람들을 선택할 수 있습니다.

윈윈 파트너십은 무엇인가? 그것은 당신이 중요하게 여기는 사람을 먼저 돕고 지원하는 데 적극적인 역할을 맡는 것입니다. 당신의 파트너에게 나의 아이디어, 제안, 해결책을 제시하십시오.

아이디어는 영감입니다. 제안은 의견 제시입니다. 해결책은 문제에 대한 구체적이고 단계적인 해답입니다. 적절한 시간과 장소에 정확한 아이디어, 제안, 해결책을 제시하는 것은 사람들에게 당신이 상황을 이해하고 배려하고 있음을 보여줍니다. 친구, 동료, 비즈니스 파트너는 당신이 아이디어와 제안과 해결책을 제시할 때 당신에게 마음을 열 것입니다.

사람들을 위해서 특별한 노력을 기울임으로써 당신은 장기적인 파트너십을 돈독히 하고 신뢰와 존경을 얻게 될 것입니다.

신뢰와 존중의 토대 위에 세워지는 장기적인 협력관계는 많은 노력을 필요로 합니다. 작은 일들이 장기적인 파트너십을 형성할 수 있습니다. 누군가에게 그냥 점심을 사거나, 안부 전화를 하거나, 주변 사람들에게 좋아하는 취미에 관한 책이나 기사를 보내는 작은 일들이 쌓여 상호 신뢰와 존중의 관계를 만들 수 있습니다.

윈윈 파트너십은 장기적인 파트너십을 토대로 서로 간에 안전함, 편안함, 통찰, 친숙함을 제공합니다. 이러한 윈윈 파트너십은 당신의 일과 개인 생활에 필요한 힘을 창조하고 당신을 성장시켜줄 것입니다.

2) 각각의 인간관계를 중요하게 여겨라

당신은 자신에게 중요한 이해관계자들과 인간관계에 공을 들여야 합니다. 당신의 삶에서 의미 있는 인간관계를 위해서 당신이 무엇을 하고 있는지 살펴보십시오. 당신의 입장에서 적극적이고 원활한 인간관계를 만들 수 있는 윈윈 사고방식을 창조하십시오.

신의 삶을 풍요롭게 만들어주고 당신을 신뢰하고 존중할 파트너십을 갖는 것은 인간관계의 양이 아니라 질입니다. 모든 사람들과 비즈니스 관계나 사적인 관계를 만드는 것보다 당신의 삶을 성장시켜줄 수 있는 인간관계를 선택하는 것이 바람직합니다.

조건 없고, 헌신적이고, 정직하고, 의미 있고, 서로를 지원하는 인간관계를 만들어야 합니다. 질적인 인간관계는 당신의 개인적인 성장을 극대화 해주고 지원 네트워크를 제공합니다. 또한 삶의 질을 높여주고 감정적인 충족감을 가져다줍니다.

3) 신뢰와 존중을 쌓아라

인정과 인기를 구하는 것은 매우 인간적인 것입니다. 그러나 다른 사람의 신뢰와 존경을 얻는 것은 훨씬 더 큰 충족감을 가져다줍니다.

인기는 단기적입니다. 인기를 추구하는 것은 대개 자존감이 낮음을 나타냅니다. 신뢰와 존중을 얻는 것은 당신의 삶에 장기적인 영향을 미칩니다. 많은 사람의 인기를 얻든, 그렇지 않든 자신의 신념을 진실하게 고수함으로써 얻는 존경은 강한 자기 이미지를 만들어냅니다.

부모, 매니저, 교사, 멘토, 친구 등의 역할을 통해 다른 사람들을 안내하며 존경을 얻는 것은 자신을 브랜딩하는 데 매우 중요합니다. 사람들은 자동적으로 자신이 지지하고 존경하는 사람을 따릅니다. 겸손, 강한신념, 자신감은 존경을 얻게 하는 자질입니다.

자기관리를 잘하는 사람은 무조건 'Yes'라고 하지 않습니다. 이들은 꺼내기 부담스러운 문제에 대해 이야기합니다. 특정 사람들뿐만 아니라 전체 그룹을 배려합니다. 이들은 다른 사람들과 관계를 맺고 사람들에게동기를 부여하는 데 시간을 들입니다.

신뢰와 존경은 모든 인간관계를 위한 강한 토대를 만듭니다. 인기가아니라 신뢰와 존경을 얻을 때 사람들에게 브랜딩을 이루고 의미 있는영향력을 미치게 될 것입니다.

4) 연대하고 융합하라

한편 초연결 사회에 사는 현대인들이 더욱 외로워지고 고독해지는 역설적인 모순을 보는 것은 어렵지 않습니다. 온라인에서 누구나 할 것 없이 네트워크를 넓혀가지만 우리 개인은 더욱더 고독해지고 외로움을 느끼고 있습니다.

우리가 속한 사회 환경은 정치적 포퓰리즘과 우와 좌 진영 논리에 따라 이념 편향에 사로잡혀 우호적 관계보다는 자신의 의견과 반대에 서거나 중립적 태도의 상대에는 적대적 관계로 내몰고 있습니다. 앞으로 우리 사회가 어떤 모습으로 변해갈지 상상해보면, 더욱더 암울한 기분이 들기도 합니다.

지금 우리 사회는 모두가 뭉쳐서 함께 협력하지 못하고 갈라지고 쪼개지는 분열 현상을 겪고 있습니다. 언론 뉴스들과 지표들 속에서 발견하는 것은 정치 경제 사회가 온통 대립과 불신으로 치닫고, 서로가 공격하고 소집단 이기주의와, 소통 부재의 복합적 중병에 걸려 있다는 느낌입니다.

정치는 정파적 이익에 함몰되어 나라 전체를 위한 정책 개발과 법 개정과 법 시행을 하지 못하고 있습니다. 부정청탁금지법이 시행된 이후 결혼식장 장례식장이 썰렁해지고, 식당에서 함께 식사하는 풍경이 점차 줄어들고 있으며, 꽃 배달도 사라지고, 이와 함께 과도한 경조비도 사라질 것입니다.

이런 현상에서 느끼는 것은 우리사회의 청렴성을 높이는 계기가 되고 공직사회가 더욱 공정성을 살리는 의미는 좋다고 할 수 있습니다. 그러나 한편으로 걱정스러운 부분은 법 시행의 후유증으로 우리 사회가 더욱 경직되고 사람 간 관계 맺기에서 더욱 간극이 멀어지는 계기가 될 수도 있다는 것입니다.

지금의 한국 경제는 위축되고 악화되고 있습니다. 저성장에다 한국의 주력 산업이 속속 몰락하고 위기에 처해 있으며 개인의 일자리는 계속 사라지고 있습니다. 세계경제포럼(WEF)이 2019년 발표한 국가 경쟁력 순위에서 우리나라가 평가 대상국 중 13위를 차지했습니다. 혁신 역량에서는 6위, 보건은 8위, 정보통신기술 보급에서 1위를 차지했으나 노동시장, 금융 쪽에서는 사정이 달라집니다. 노동시장에 대한 평가는 지난해 48위에서 51위로 떨어졌습니다. 국가 경쟁률 순위를 갉아먹는 주된 요인은 노동시장 효율성입니다. 노동시장 효율성을 평가하는 세부 지표 중 '노사간 협력'이 141개국 중 130위를 기록했습니다. 이러한 경쟁력 순위의 추락은 우리가 처한 상황을 그대로 반영하고 있습니다.

우리사회와 가정도 점점 더 고독하고 외로워져 심각한 우울증에 병들고 있습니다. 자살률 세계 1위, 고독사 비율 급증, 1인 가구수 급증, 노령인구의 비율도 가파르게 치솟고 있습니다. 대법원이 발간한 '2018년 사법연감'에 따르면 우리나라의 이혼율에서 황혼 이혼의 비중이 역대 최고치인 33.3%를 기록했습니다.

이러한 경고음에 대한 문제해결의 해법은 무엇일까요? '뭉치면 살고 흩어지면 죽는다'는 전 시대 한 정치가의 구호에서처럼, 우리의 정부도 기업도 가정과 개인도 의식개혁을 통해 공존과 상생의 길을 찾아야 합니다. 그리고 산업과 국가 시스템 전반에 걸친 구조개혁과 변신을 통해서, 우리 민족의 면면이 이어온 공존의식과 공동체 정신을 회복하고 효율과 활력을 되찾는 것입니다. 정부와 정치권이 문제 해결의 리더십을 발휘하고, 기업의 사회책임 의식, 공직자와 지도자들이 청렴성과 도덕성의 회복, 사회 각 부분의 집단 이기주의를 빨리 바꾸어나가야 합니다.

이제 우리의 사회적 아젠다가 '각자도생'에서 '동반성장'으로 바뀌어야 합니다. 우리 사회도 의혹사회 불신사회에서 청렴사회 공존사회로 바뀌어야 합니다. 사회 각 부분이 자신의 '부분 이익'을 고집하면서 '전체 이익'을 갉아먹는 '죄수의 딜레마'에서 벗어나야 합니다.

공존사회로 나아가기 위해 우리가 가야 할 방향은 어디일까요? 몇 가지 길 중에서 교육 개혁과 시민의식 생활 태도의 개혁 캠페인 등도 생각해볼 수 있습니다.

첫째, 교육 환경의 변화가 필요합니다. 주입식 교육에서 토론식 교육으로 바꾸어나가는 방법입니다. 유아, 어린이 시절부터 대학 교육까지 교육 기간 과정 속에서 내 주변과 함께 친구 동료들과 함께 고민하고 토론하고 합의하고 해결책을 찾아내는 생활 방식을 통해서 성인사회에 진입 후에도 협력의 토양을 갖추어나가는 것이 중요하기 때문입니다.

둘째, 온라인 라이프 스타일에서 오프라인으로 활동 시간 변화와 조절입니다. 온라인의 상호연결성을 통하여 우리는 더욱 긴밀히 협력하고 소통해나가며 시대의 변화를 공유하고 또 같이 만들어가야 할 것입니다. 그러나 오프라인에서의 관계 맺기와 활동 시간 확대에도 노력해야 할 것입니다. 세상은 더욱 빠르게 변화하고 초연결사회가 되어 더욱 복잡해지고 분열되겠지만, 그럼에도 우리는 모두에게 이득이 되는 방향으로 우리의 미래를 설계해나가야 할 것입니다. 그리고 지금이 바로 그 절호의 기회입니다.

셋째, 창업과 직업 창조에서도 콜라보레이션, 협업 활동의 확대입니다. 새로운 시대 변화의 징후 가운데 사람들이 가장 많이 체감하는 것은 인공지능이 대체할 노동력의 위기와 빅 데이터 및 분석 기능을 활용한 새로운 기업 모델의 등장, 이른바 제4차 산업의 등장입니다. 우리 사회와 개인도 그에 대한 대비책 마련도 시급합니다. 디지털 기기와 인간, 그리고 물리적 환경의 융합으로 펼쳐지는 새로운 시대, 기계와 사람, 산업과 산업, 사람과 사람의 연결과 융합, 그리고 협력이 절실히 필요합니다.

넷째, 우리의 의식 속에서 잠자고 있는 인간애 즉 휴머니즘의 부활입니다. 라이너 마리아 릴케의 시구처럼 "미래는 우리 안에서 변화하기 위해 훨씬 전부터 우리 내부에 들어와 있다." 인류의 미래는 지금 우리 인간에게 달려 있습니다.

이 새 시대를 이끄는 것은 더 이상 각계 각층의 지도자 차원이 아닌, 이해관계자라고 할 수 있는 '우리 모두'라는 사실입니다. 지금 우리가 사는 이 시대는 인류시대(human age)로 지구 역사상 처음으로 인간의 활동이 지구의 모든 생명유지 시스템을 형성하는 제1세력이라고 말합니다.

그렇기 때문에 이 새 시대의 시작도, 끝도 모두 우리가 이끌어내는 이야기며, 우리가 책임져야 하는 이야기일 것입니다. 인간에 대한 예의와 존경, 서로에 대한 염려와 배려, 이 지구촌에서 우리는 홀로가 아닌 더불어 함께 생존해야 합니다. 공생이란 우리 인간들 모두가 함께 가야 할 운명이자 이 시대 우리 모두가 풀어야 할 과제입니다.

6

스스로 좋은 사람이 되라

세상일들에 관해 선악 혹은 호불호와 같은, 이분법은 일단 피하고 볼 일입니다. 지인의 블로그와 뉴스 기사를 접하며, 타인의 의견과 태도에 대해 일단 나의 판단을 유보하고, 좀 더 사태의 원인과 결과를 따져보기로 했습니다. 세상에는 많은 영웅과 선한 사람이 존재합니다. 하지만 수많은 간신과 악한 사람도 있습니다.

그렇다면 내가 지지하는 유명인은 다 좋은 사람인가요? 그리고 지금 사회를 이끄는 정치인이나 각계의 지도자들은 신뢰받고 존경받는 인물인가요? 사회단체나 언론은 과연 중립적이고 정의로운 태도를 보였나요?

문득 이런 의문을 던져봅니다. 진보 혹은 보수라고 하는 개인, 지식과 언변으로 무장한 논객들, 권력과 힘을 가진 특권층의 사람들, 그들 모두 개인 영달과 집단 이기주의에 물든 표리부동한 한 사람에 지나지 않는지 살펴봅시다.

타인의 비판에 앞서 먼저 나는 좋은 사람인가요? 자신에게 질문해보면 어떨까요? 『숫파니파타』는 이렇게 가르쳐줍니다.

"말과 행동과 생각하는 바가 그 누구에게도 거슬리지 않는 사람, 남들이 존경해도 우쭐대지 않고 교만하지 않은 사람, 남들이 비난해도 흔들리지 않는 사람, 그는 이 세상에서 가장 올바른 삶을 사는 것이다."

사람들은 주변 환경의 영향에서 벗어나기 어렵습니다. 하지만 중심이 잡혀있는 사람은 아무리 환경이 변한다 해도 마음이 흔들리지 않습니다.

공자의 『논어』에서는 군자의 됨됨이를 위해 6가지 지침을 내렸습니다.

"내가 하기 싫은 것을 남에게 시키지 말 것(己所不欲勿施於人),

남이 나를 알아주지 않아도 근심하지 말 것(不患人之不己知),

잘못을 알았다면 고치는 데 주저하지 말 것(過則勿憚改),

자기 생각과 다르다고 공격하지 말 것(攻乎異端 斯害也已),

모든 책임은 자신에게서 찾을 것(君子求諸己 小人求諸人),

사람들과 조화를 이루나 같음을 요구하지 말 것(和而不同)."

2,500년 전의 공자는 이런 사람들의 속성에 기반하여 사람들과 어떻게 지내라는 것을 우리에게 알려주었습니다. 타인과 나 자신의 마음의 태도와 자세를 일깨웠습니다. 이에 비추어 자신을 바라보면 어떤 결론이 나올까요? 나 자신은 준법의식, 공익성, 윤리 의식을 제대로 무장하고 있습니까? 모든 인간은 완벽하지 않습니다. 똥 묻은 개가 겨 묻은 개를 보고 나무라는 우를 범하고 있는 게 아닌지 자신을 돌아봅시다.

우리 사회가 이른바 논객으로 불리는 두 사람 유 모 씨와 진 모 씨의 발언에 관해, 지지와 비판으로 나뉘어 대결하고, 아군과 적군으로 크게 나누는 사회적 현상들이 더욱 심화되고 있습니다. 이런 분위기가 한국 사회를 더욱 고립사회, 위험사회로 만들고 모든 사람을 무관심과 혐오주의자로 만들지 않을까 우려됩니다.

몇몇 사태에서 드러나듯이 자기 쪽 진영 논리에만 사로잡혀 확증 편향으로 치닫고 있습니다. 이러한 집단 이기주의가 사회 곳곳에서 일어나고 있어, 민주 시민의식, 공공의식의 소멸을 가져오지 않을까 걱정이 큽니다. 잠시 관심을 다른 곳으로 돌려봅시다. 소크라테스는 말했습니다. "너 자신을 알라.", 또한 예수가 지적했습니다. "죄 없는 자만이 돌을 던져라."

근세기 동안 우리 사회는 정치적 현상으로 극심한 지역주의에 빠져, 사회의 통합과 화합을 해치는 동서 분열의 상태를 살아왔습니다. 최근에는 진보와 보수, 극좌와 극우라는 극단의 이분법으로 또 대립하고 있습니다.

왜 우리의 정치는 탕평을 못 할까요?
무능하지만 도덕적 인간, 똑똑하지만 비열한 인간, 어느 쪽이 대중을 이끌고 나가야 할까요? 이 시대 청렴하고 덕을 갖춘 유능한 선비 정신은 어디서 찾을 수 있을까요?

이 시대 정치인들은 적폐 청산, 사회 개혁과 변혁을 이루기 바라고, 경제인들은 윤리 경영과 혁신을 꿈꾸고 있습니다. 그러나 이를 이루어 낼 주체들의 정신적 가치는 어디에 두고 있는지 궁금합니다. 너 나 할 것 없이 인간이 추구하는 삶의 가치를 높이기 위해서 정신적 가치, 태도적 가치를 추구하고 그것을 갖춘 인격을 확립하는 것이 시급합니다.

감정에 충실한 많은 한국 사람들은 경험적 가치와 태도적 가치를 잘 구분하지 못합니다. 호불호나 유불리에 따른 처신을 자신의 태도적 가치인 양 오해하는가 하며, 옹고집을 자신의 지조나 소신으로 착각하기도 합니다.

미래 이 사회의 지도층이 되려는 사람, 현재 고위층에 자리한 사람에게 묻습니다. '당신은 좋은 사람인가요?'

그리고 나 자신에게 질문합니다. '나는 좋은 사람인가?'

대체할 수 없는 리더,
독보적 프로가 되라

자신의 강점에 집중하고 장점을 극대화 해 자기 분야에서 최고의 자리에 우뚝 서십시오.

스스로 연구하고 만들어가는 나의 필살기를 확보하도록 하십시오.

당신이 체득한 필살기는 과연 무엇이며, 만일 새롭게 만들어야 한다면 이루어야 할 필살기 프로젝트에는 어떤 준비가 필요합니까?

당신이 수행할 명제는 바로 이것입니다.

당신이 누구든 어떤 자리에 있든, 당신의 영역을 확보하고 그 자리에서 어느 누구도 대체할 수 없는 독보적인 리더가 되십시오.

스스로를 더 나은 사람(better person)으로 느끼도록 자신을 가꾸고 단련하십시오.

그리고 평생 현역에서 차별화된 전문가로 독보적인 프로가 되도록 하십시오.

'독보적 프로가 되는 것.' 이런 명제는 이 시대 직장인과 노동자들에게 반드시 필요한 전략임이 자명합니다. 당신의 업무에서 강점을 발휘하고 그것을 탁월하게 구현해 내는 프로그램을 개발하고 그것을 습득하십시오. 자신의 필살기를 습관화시키는 기술은 어디서든 흔들리지 않고 나를 지켜줄 나만의 보검이 될 것입니다.

SELF
MARK
ETING

Part 5

깊이가 바뀌는
셀프 마케팅 원칙 3
- 배워라

1

공부하는 존재,
호모 아카데미쿠스

사람이 살아가면서 하는 일 중 가장 많은 시간을 보내는 것이 무엇일까요? 그리고 어떤 것에 가장 많은 시간을 할애해야 할까요?

디자이너가 되고 싶은 아이, 의사 선생님이 되고 싶은 어린이, 외교관이 되고 싶은 청소년, 기업의 대표가 되고 싶은 회사원, 아니면 그저 평범한 사람이 되고 싶은 사람도 있습니다. 우리들의 꿈이 단지 꿈으로만 끝나지 않도록 하려면 어찌해야 할까요? 우리가 자신감을 찾고 꿈을 이룰 수 있도록 돕는 일은 바로 공부하는 것입니다.

호모 아카데미쿠스, 인간은 공부하는 존재입니다.

공부는 바로 기회와 희망의 바다로 나가는 일입니다. 내가 지금 서 있는 곳이 어디이든, 공부를 통해 성장의 계기를 마련할 수 있습니다. 우리 인간은 태어나는 순간부터 보고, 듣고, 읽고, 느끼고, 생각하고 행동합니다. 이 모든 일이 자동으로 일어나는 것은 아닙니다. 우리는 보고, 듣고, 배우고, 익히고, 느낀 결과로서 많은 선택을 하고 성과를 얻게 됩니다. 우리가 일생 투자해야 할 그것 중 가장 중요하고, 가장 많은 시간과 열정을 쏟아서 하는 일이 공부하는 일입니다.

사람의 일생을 유아기, 유치기, 소년기, 청년기, 장년기, 중년기, 노년기로 볼 때 공부가 필요치 않은 시기란 없습니다. 직장과 일터에서 은퇴하는 사람들에게 인생 2모작의 시작 역시 공부가 필요합니다. 무언가 인생의 전환점에서 어떻게 해야 하나, 무엇을 해야 하나 고민하고 있다면, 나는 주저 없이 시작하라고 권합니다. 그것은 바로 공부를 시작하는 일입니다.

호모 아카데미쿠스와 호모 루덴스, 인간은 학습하는 존재이고 또한 놀이를 즐기는 존재입니다. 우리의 문화 예술 활동도 크게 보아 여가를 즐기는 동시에 공부하는 일이기도 합니다.

인도나 아프리카 등의 빈민가의 어린이나, 세계 경제를 움직이는 유대인이나, 경제 강국의 청소년들 모두, 미래의 희망은 공부에서 찾고 있습니다.

학생이 원하는 학교에 진학하기 위해서도, 직업을 가지고 직장을 구하기 위해서도, 성공 창업을 위해서도 우리는 공부해야 합니다. 은퇴 후 멋있는 노년과 보람 있는 노후를 보내기 위해서도 역시 공부해야 합니다.

불교계에서 종정을 지내시고 얼마 전 입적하신 혜암 스님은 평소 "평생 공부하다 죽어라"라는 법어를 남겼습니다. 공자는 "배우고 익히니 즐겁지 아니한가"라고 말했습니다. 인생의 성패는 어디에서 좌우될까요? 언제나 기회는 성공의 어머니이자 실패의 아버지입니다. 그리고 공부는 바로 기회의 시작입니다.

우리는 모두 저마다의 꿈을 가지고 있습니다. 우리 인간은 개개인이 세상을 살아가면서, 내 가족은 물론 세상에 봉사하고 인류에 이바지하는 임무를 갖고 태어납니다. 그래서 각자 다른 역할을 수행해야 합니다. 지금 인생 역전을 꿈꾸고 계신다면 역시 공부가 희망입니다.

2

미디어의 발전과
리터러시 지능의 중요성

인간은 누구에게나 오래도록 마음속에 품고 사는 나만의 꿈이 있습니다. 그것은 자신에게 진실한 채로 자신이 원하는 삶을 살고 싶은 꿈입니다. 우리가 누군가를 부러워하는 것도, 그가 특별한 성취를 일궜고, 성공적인 삶을 살았기 때문입니다. 이렇듯 우리가 꿈꾸는 대로 살 수 있는 비결은 무엇일까요?

성공한 사람들은 저마다 나름의 삶의 근간에 필요한 기능들을 몸에 익혔거나, 성공에 필요한 원천기술들을 확보하고 있습니다. 자기계발에 성공한 사람들은 한 명의 예외도 없이 모두가 이 리터러시 지능이 탁월한 사람들입니다.

우리가 사는 이 시대 개인의 생존 전략으로서 가장 중요한 요소 중 하나는 리터러시 지능(Literacy intelligence Quotient)입니다. 오늘은 어떤 성취, 어떠한 성공을 목표로 하든, 그곳에 닿을 수 있는 가장 기본적인 능력으로서의 리터러시 지능, LQ에 대해 이야기합니다.

글을 읽고 이해하고 해석하며, 자기의 생각을 글로 다시 표현하는 문해력이 리터러시 지능입니다. OECD에서 정의하는 리터러시 재능은 세상을 살아가는 생활 기능으로 문자해독 능력을 넘어 문제 해결 능력, 소통 능력까지 포함해 폭넓게 강조하고 있습니다. OECD는 리터러시 지능을 산문 문해력, 문서 문해력, 수리 능력, 컴퓨터 활용 능력, 분석적 판단력, 커뮤니케이션 능력까지 포괄하고 있습니다.

경영컨설턴트 제프리 콜빈은 〈포춘(Fortune)〉의 편집장을 지내면서 만난, 세계적 기업의 경영자들에게서 공통적인 특징을 발견했습니다. 이들은 보통 사람들이 인식하지 못하는 것들을 인식하며, 멀리 내다보고, 덜 보면서도 더 많은 것을 파악한다는 사실입니다. 위대한 성과를 낸 이들은 더 많은 것을 기억하고 필요한 순간에 적절한 정보를 더 많이 꺼내는 데 능숙한 사람들입니다. 이들 모두의 특징은 다름 아닌 리터러시 지능이 뛰어나다는 것입니다. 당신 또한 이러한 리터러시 지능 LQ를 향상한다면 당신이 원하고 바라는 삶을 살 수 있습니다.

자신의 삶에서 행복과 성공을 만들어주는 핵심 기술의 하나가 바로 리터러시 지능입니다. 단언컨대 리터러시 지능을 개발한다면, 그 어떤 성공도 앞당길 수 있으며, 반대로 리터러시 지능 없이는 어떤 성공도 보장받을 수 없을 것입니다. 지금 자기계발을 계획하고 있는 사람이라면 이 리터러시 지능을 계발하라고 권해 드립니다.

취업 시장에서는 자기소개서 비중이 커지고 승진 평가에 논술 시험이 도입되며, 대학 입시의 입학사정관 전형이 확대되는 등 인재 선발의 기준이 '비판적, 창조적 사고력'으로 바뀌고 있습니다. 창조력의 핵심은 정보와 지식을 빠르고 정확하게 읽고, 그 행간의 의미를 포착해 혁신하는 것이며, 이것을 뒷받침하는 것이 리터러시 역량입니다.

리터러시 지능이란 '잘 읽고, 잘 생각하고, 잘 쓸 수 있는 능력'입니다. 또한, 정보를 해독하고 그것을 근간으로 새로운 정보를 창출해내는 능력입니다. 더 나아가 다양한 미디어를 통하여 세상을 읽어낸 뒤, 자신과의 연결성을 찾아내어 어떤 결과물을 인출하는 능력입니다.

지금처럼 뉴미디어가 발달한 세상에서는 당신이 원하기만 하면, 인터넷이든, 책이든 당신이 원하는 메시지를 분명하게 표현할 수 있습니다. 이를 통해 충분한 영향력을 발휘할 수 있습니다. SNS를 통하면 당신의 우호 그룹도 확보할 수 있습니다.

인간의 이런 커뮤니케이션은 불과 1세기 전까지만 해도 상상할 수 없었습니다. 1백만 년 전에 살았던 인간에게 커뮤니케이션 수단이라고는 몸짓과 말짓이 전부였는데 오늘날 뉴미디어를 통해 시간적으로, 또한 공간적으로 무한히 확대되고 있습니다. 우리에게 필요한 것은 미디어 리터러시 지능입니다.

미디어 리터러시는 글자 그대로 미디어 속의 텍스트를 독해하는 일입니다. 글자로 된 낱말과 문장을 이해하듯이 다양한 미디어의 내용에 대해 그 의미를 파악하고 활용하는 일입니다. 우리의 가정과 학교에서 반드시 강조하여 가르쳐야 할 내용입니다. 더 나아가 우선 개인 각각이 나 스스로 배우고 익혀야 할 기능입니다.

"아침에 눈을 뜨면 스마트폰을 읽고, 부모님의 말씀을 읽고, 교과서를 읽고, 문제집을 읽고, 선생님들 설명을 읽고, 친구들 이야기를 읽고, 텔레비전을 읽고, 소설과 시를 읽고 영화를 읽고, CD를 통해서 정보를 읽고, 컴퓨터를 통해서 읽고 또 읽고… 이것이 우리학생들의 생활이다."
  – 임영규 외, 『독서는 힘이 세다』 중에서

이같이 한 학생의 가상적인 생활을 들여다보면, 우리의 하루는 미디어 속에서 온갖 것을 읽고 읽으며 살아갑니다. '읽는다'는 행위를 지금은 이렇게 다양하게 표현합니다. 세상 읽기도 마찬가지입니다. 미디어를 통해서 우리는 세상을 읽고 서로 간 대화의 통로를 만들어갑니다.

우리는 너무 많은 미디어들이 던지는 메시지를 하루에도 수백 번, 수천 번 읽고 살피며 이해하고 삽니다. 그렇다면 우리는 무엇을 읽고 무엇을 피하며, 무엇으로 서로를 읽어내고, 서로 이야기하고, 무엇으로 소통하려 하고, 무엇으로 거대 담론을 만들어가고 있을까요?

인간의 소통 방식은 크게 세 가지로 나누어 볼 수 있습니다.

첫째, 소통에 참여하는 사람들이 같은 공간과 시간에 존재하면서 음성과 문자언어는 물론 몸짓과 표정으로 의미를 주고받는 대면 커뮤니케이션입니다.

둘째, 공간과 시간의 맥락이 분리되어 있는 개인들이 상대방에게 의미를 전달하기 위해 종이(편지), 전신(전보), 전파(전화) 등을 통해 이루어지는 간접적 커뮤니케이션 방식입니다

셋째, 인쇄기술과 전자기술의 발달에 의해 등장한 책, 신문, 라디오, 텔레비전 등과 같은 매스미디어에 의한 매스커뮤니케이션 방식입니다.

이러한 소통 방식은 오늘날 디지털 기술의 발달로 융복합 뉴미디어와의 함께 모바일 스마트시대의 소셜 네트워크 서비스 방식으로 발전하였습니다. 이제는 신문의 NIE 방법을 넘어 방송 미디어를 통한 영상 이미지와 통신 미디어 웹사이트를 통해서, 융복합 스마트 기기를 통해서 다양한 교육을 받고 미디어에 대한 이해와 현명한 이용을 생활화해야 합니다.

지금의 다양한 미디어들은 공간과 시간의 제약을 넘어 인간의 소통을 무한정 확장할 뿐만 아니라, 의미를 전달받는 수용자의 범위를 무한으로 확장했으며, 말과 글뿐 아니라 이미지와 소리, 음악 등으로 다양한 의미를 소통할 수 있게 되었습니다.

오늘을 살아가는 현대인이라면, 문자를 읽고 해독하고 글 쓰는 리터러시 능력, 즉 LQ 지능과 함께 다양한 미디어 리터러시 능력를 익혀야 합니다. 다시 말해, 미디어 리터러시 지능 MLQ를 키울 것을 제안합니다.

이러한 미디어 리터러시 지능은 매일 아침 신문 읽기와 라디오 뉴스와 음악 듣기, 인터넷 정보 탐색과 웹사이트의 검색, 텔레비전 속의 교육방송과 교양 오락 방송 속에서 찾을 수 있으며, 스마트 기기의 사용 매뉴얼을 익히고 사용에 익숙해짐으로써 이룰 수 있습니다.

3

책 읽기는 인풋(input),
책 쓰기는 아웃풋(output)

"자연으로 돌아가라."

장 자크 루소의 이 말은 우리 인간이 행복한 삶을 살기 위해 취할 수 있는 행동을, 극단적으로 함축한 말입니다.

질문 하나를 던집니다. 만약 이 세상의 종말이 온다면 당신은 무엇을 하겠습니까? 또 다른 질문 한가지입니다. 오늘 당신이 할 일 중에서 가장 중요한 일은 무엇입니까?

이 두 질문에 대한 나의 대답입니다.

오늘이 이 세상의 마지막 날이든, 나의 인생을 새롭게 시작하는 날이든, 내가 해야 할 가장 중요한 일은 첫 번째 책 읽기, 두 번째 책 쓰기입니다. 책 읽기는 나의 투자 활동으로써 인풋(input)이라면, 책 쓰기는 생산 활동으로써 아웃풋(output)입니다.

우리나라는 요즘 표류하고 있습니다. 양극화와 빈부격차, 취업난과 세대 전쟁, 부도덕한 기업가와 정치인의 갑질 행태, 대중의 분노 등은 현실적인 생활 영역에서 더욱 심각합니다. 삶의 여유도 만족감도 챙길 겨를 없이, 모두가 어떻게 살아갈지 고민하고 있습니다. 우리의 젊은 세대들은 부모 세대보다 더 긴장하고 더 좌절합니다. 갈수록 치열해지는 무한 경쟁에서 모두가 버텨낼 방법을 찾고 있습니다. 사고의 대전환이 필요합니다. 국가의 제도 개선이나 직업 창출도 근본적 해결책이 아닙니다. 우리 국민들 개인들은 각자의 생존 전략이 시급한 때입니다. 삶의 궁극적 의미에 대한 자기 질문이 필요하고, 각자의 대응책 마련이 시급해 보입니다. 이럴 때일수록 정말 한가한 주문처럼 들릴지 모르지만, 우리 모두 '다시 책으로 돌아가자'고 외칩니다.

책은 우리의 밥입니다. 책은 밥만큼 중요합니다. '하루라도 책을 읽지 않으면 입안에 가시가 돋친다.'는 안중근 의사의 유묵에서나 『감옥으로부터의 사색』을 집필한 신영복 작가의 저서에서도 알 수 있듯이, 우리의 생과 삶 속에서 감옥에 있는 순간도 책의 중요성이 강조되었습니다.

우리가 살아가면서 세상에서 필요한 지식을 멘토를 통해 조언을 얻는다고 한번 생각해 보겠습니다. 내가 만일 투자가라면 워런 버핏 같은 투자 귀재의 조언을 들을 수 있을까요? 올해도 인터넷 경매 사이트에서 버핏 회장과 점심을 먹는 행사가 한화로 무려 40억 원에 낙찰되었습니다. 참가자는 워런 버핏과 점심을 먹으며 버핏에게 다음 투자처를 제외한 모든 것을 물어볼 수 있습니다. 우리 같은 범인에게는 버핏의 조언을 직접 들을 기회는 현실에서는 가질 수 없겠지만, 가이 스파이어의 『워런 버핏과의 점심식사』라는 책 한 권을 읽음으로써 버핏과 직접 점심을 먹지 않고도 그의 조언을 들을 수 있는 것입니다. 책은 여전히 우리의 삶 속에서 생존의 선택 사항이 아니라 필수 항목입니다.

우리가 사용하는 하루를 들여다보면 생산자로 보내는 시간과 소비자로 보내는 시간으로 나누어집니다. 투자와 노동의 시간이 있고, 휴식과 놀이의 시간도 있습니다. 리더가 되려면 책 읽기에 투자하십시오. 성공과 행복을 원한다면 책 읽기에 시간을 할애하십시오. 달인이 되기 위한 '1만 시간의 법칙'에서 내가 투자할 시간의 맨 앞줄에 책 읽기 항목을 리스트에 올려 넣기 바랍니다. 내가 읽은 책이 나의 인생을 만듭니다. 내가 선택한 책의 무게와 시간의 양만큼 나의 인격과 품격이 결정됩니다.

누구든 혼자서 이 세상 모든 지혜를 깨우칠 수 없음을 명심하시기 바랍니다. 인풋이 없는 명상만으로는 내가 원하는 답을 얻을 수 없을 것입니다.

지금 내가 읽고 있는 책의 제목은 무엇입니까?
이번 여름휴가에 읽고 싶은 책은 무엇입니까?
지금 내 주변의 라이벌은 무슨 책을 읽고 있을까요?
지금 삼성의 CEO들은 무슨 책을 읽고 있을까요?

세상에 존재하는 모든 책 속에는 자그만 진실 하나, 내가 배울 수 있는 새로운 가치가 숨어 있습니다. 내가 보물찾기하듯 그 속에서 가치를 찾아내기만 한다면 그로부터 우리는 새로운 통찰력과 지혜를 얻습니다. 책 속에 내가 원하는 모든 답이 있습니다. 책 속에는 내가 갈 수 있는, 내가 가고 싶은, 내가 선택할 수 있는 수많은 길이 열려 있습니다.

우리의 생활 패턴이 많이 변화하고 있습니다. 그중 눈에 띄는 것은 스마트폰과 인터넷 중독입니다. 국민들의 여가와 미디어 이용 실태를 보면, 그 변화를 알 수 있습니다. 국민 여가 활동에서 여행이나 영화 감상,

TV 시청의 비중이 높고 독서 시간이 줄어들고 있습니다. TV와 책과 신문을 이용하는 시간의 비중보다는 인터넷과 스마트폰 이용 시간이 대폭 늘어나는 추세입니다. 국민의 미디어 이용률에서 책 읽기가 자꾸 뒤로 밀려나는 것이 안타깝습니다.

책 읽기는 살아갈 날들을 위한 공부, 앞으로 남은 인생의 준비와 삶의 생존 도구로써 나와 네가 갖추어야 할 기본이고, 최고 수단이고 방법입니다. 변화와 희망이 필요한 이 땅의 모든 젊은이는 물론, 제2의 인생을 꿈꾸는 은퇴하신 시니어들에게도 필요한 일입니다. 우리는 눈에 보이지 않는 일, 정신적인 활동을 하찮게 여기기도 합니다. 그리고 당장 수익이 이루어지지 않거나 돈이 안 되는 일은 무시하는 경향이 있습니다. 그러나 우리의 영혼을 살찌우는 일, 당장은 눈에 보이지 않고 성과가 보이지 않는 일이 사실은 무엇보다 중요한 일입니다.

다시 준비하는 우리에게 가장 필요한 것은 기본을 갖추고, 기본에서 시작하는 것입니다. 우리가 기본으로 돌아가는 방법, 그것은 바로 책으로 돌아가는 것입니다. 책의 존재 이유와 가치는 시대가 바뀌어도 변하지 않습니다.

지금은 우리 모두가 다시 책으로 돌아가야 할 때입니다.

4

왜 배움의 과정에서
더 많은 것을 얻는가?

인간은 평생 공부하며 살아야 합니다.

대학교 강의실에 고졸 할아버지가 출석하여 화제가 되었던 적이 있습니다. 영어를 독학으로 공부한 75세의 권봉운 씨가 그 주인공입니다. 권씨는 고려대의 개방 강의에 지원하고, 외국인 교수가 영어로 강의하는 뇌공학 수업을 들었다고 합니다.

가정 형편이 어려워 대학에 가지 못한 권 씨는 제조업에 종사하다 은퇴를 한 분입니다. 은퇴하기 5년 전 서점에서 우연히 어니스트 헤밍웨이의 프로필을 보고 놀랐다고 합니다. 노벨 문학상을 받은 헤밍웨이도 고졸이라는 사실을 알고 난 후, 용기를 얻어서 독학으로 영어 공부를 시작했습니다. 권 씨는 6년 만에 독해, 작문을 능숙하게 할 정도로 발전했습니다. 혼자서 헤밍웨이 책을 120권 정도 독파하고, 『헤밍웨이 재발견』이라는 책까지 출간했다고 합니다.

'배움에 나이는 없다'라는 말이 실감 나는 사례입니다.

사람은 왜 배우는 것일까요?

인간의 두뇌는 과거에 일어난 일이나 얻은 지식을 어느 정도 잊어버리게끔 되어 있습니다. 더욱 정확히 말하면, 인간의 두뇌는 과거에 습득한 것의 극히 일부밖에 기억해내지 못합니다.

사회생활을 하며 느끼는 것은 정작 사회생활에서는 학교에서 배웠던 지식만으로는 모든 문제를 해결할 수 없고, 자기 자신이 많이 부족하다는 것입니다. 또 자기가 서 있는 분야에서 더욱 많은 전문 지식과 경험이 필요하게 됩니다. 그렇지만 대부분의 사람은 물리적인 시간과 경제적인 여건 등으로 하고 싶은 공부를 계속할 수 없는 경우가 대부분입니다. 그러나 최소한의 마음의 준비와 결심만 있다면 어느 정도 시간을 들이고 많은 경비 부담이 없이도 배움의 기회를 가질 수 있습니다.

그런데 왜 사람은 고생해서 배우고, 지식을 얻으려 하는 것일까요?

그것은 사람이 살아가는 동안 인생의 지혜를 얻기 위해서라고 말씀드립니다. 그리고 내가 부딪치는 여러 문제를 해결하기 위해서라고 할 수 있습니다. 또한 새로운 것을 창조하기 위해서입니다.

배움의 결과도 이렇듯 중요하지만 실은 배움의 과정에서 더 많은 것을 얻을 수 있습니다. 배움의 과정에서 우리는 생각하는 기쁨을 느낄 수 있습니다. 그리고 발견하는 기쁨, 창조하는 기쁨을 느낄 수 있습니다.

배우는 일, 그것은 즐거운 일입니다. '지혜를 얻는다'라는 면에서도 그렇고, 배우면서 생각하는 일은 더 즐겁습니다. 인생의 어려운 문제에 부딪혀 깊이 고민할 때는 생각하는 것이 때로 고통스럽게 느껴지지만, 대체로 즐거운 일이라고 말할 수 있습니다.

배움의 길에서 얻을 수 있는 또 하나의 소득은, 무언가 자신이 새로운 것을 배우고 익히며, 새로운 것을 창조하는 기쁨입니다. '창조하는 인생'이야말로 최고의 인생이라고 말하고 싶습니다.

창조하는 즐거움과 기쁨, 그것은 아마 자기 속에서 잠자는, 전혀 알지도 못했던 재능이나 자질을 찾아내는 기쁨, 그리고 자기 자신을 더욱 깊이 인식하고 이해하는 기쁨이 아닌가 생각합니다. 창조하려면 먼저 배워야 합니다.

우리 주변에서 배움으로 일관된 사람들을 마주할 때마다, 그 사람이

지도층이든 평범한 사람이든 계속 공부하는 삶을 살아가는 그들처럼 살아가고 싶어집니다. 나의 나이가 몇이든, 나의 위치가 어디에 있든, 새로운 공부가 필요하면 주저하지 마십시오.

학교에 다시 등록하고 학위에 도전하고, 강의를 듣는 일도 좋겠지만, 그림 공부를 하는 것도 좋고, 음악 공부를 하는 것도 좋을 것입니다. 와인 아카데미나, 스포츠 댄스 배우는 일이든지, 요리하는 법을 배우는 것도 재미있을 것입니다.

배움에는 끝이 없습니다. 배움은 인생의 즐거움을 몇 배로 증가시킬 것입니다.

5

미래를 디자인하는 공부를 하라

당신은 지금 얼마나 행복하게 살고 계시나요?

오늘 하루도 즐겁게 재미있게 시간을 보내고, 진정한 성공을 위해 무엇을 할 것인가 생각해 봅니다. '셀프 러닝', 즉 독학을 권합니다.

셀프 러닝은 혼자 하는 공부, 스스로 실천하는 공부입니다. 그것으로 인해 우리 삶의 방향을 바꾸고, 내 인생 삶의 그림을 다시 그리고 가꾸어 나가는 것입니다. 지금 나의 현재를 바꾸고 삶의 변화를 원하신다면, '셀프 러닝'을 통해서 내부의 에너지를 재충전시키기 바랍니다.

공부는 왜 할까요?

나의 삶을 풍성하게, 나의 미래를 더욱 아름답게 디자인하기 위해서입니다. 어제와 다른 오늘, 오늘과 다른 내일, 즉 나의 인생에 변화를 가져다주기 때문입니다.

우리 국민의 교육열, 학구열은 세계가 알아줍니다. 그래서 대부분의 어머니가 자녀 교육을 위해서 호랑이 엄마로 살아가는 모습이 뉴스에서 자주 화제가 되기도 합니다. 그런데 이 교육 열기가 자녀 교육에서는 물론 자기 자신의 공부로 진화하고 있습니다. 이제 학교를 졸업한 생활인이 다시 학업에 도전하고, 학위를 따는 사람들의 뉴스도 놀라운 일은 아닙니다. 몇 년 전에 서울 더케이 호텔에서는 이색 행사가 열렸습니다.

어려움을 이겨내고 학업에 도전한 '학점 은행제' 학사, 전문 학사 3만 660명과 독학 학위제 학습자 1,057명 등 3만 1,717명의 학위 수여식이 열린 것입니다. '학점 은행제'는 대학과 평생교육 기관에서 학점을 취득해 대학 학력을 인정받는 제도이며, '독학 학위제'는 학위취득 종합시험에 합격하면 학사학위를 받는 제도입니다. 이날 학위를 받은 사람 중에는 어릴 적 소아마비를 앓아 초등학교만 어렵게 졸업한 52세의 심 모 씨도 있었습니다. 그는 어린 시절 못했던 공부를 2012년 시작해 중, 고교를 1년 만에 검정고시로 이수했습니다. 이후 인터넷 강의를 들으며 국문학 공부에 빠졌고, 드디어 학위취득 종합시험에 합격해 국문학 학사학위를 받은 것입니다.

현대인들은 여러 관계 속에서 남을 위한 시간과 노력에 투자하지만 정작 자기 자신에 대한 투자는 미흡합니다. 이제 나 자신의 행복을 위한 투자도 필요합니다. 매일 정기적으로 일정한 주제를 정하고, 그 주제에 대한 것이면 무엇이든지 찾고 발견하고 기록하고 기억하는 일을 하는 것, 그것이 셀프 러닝입니다.

'셀프 러닝' 그것은 우리가 할 수 있는 놀라운 일입니다. 시간을 잘 보낼 수 있는 좋은 방법이기도 합니다. 어떻게 시간을 보내는가에 따라 그 사람의 격과 수준이 달라집니다. 그 시간의 양과 주제에 따라 그 사람의 삶의 수준이 바뀌고, 인생의 지도가 바뀌는 것입니다. '혼자 스스로 공부하는 시간'을 늘리고 그 격을 높여보시기 바랍니다.

우리의 인생을 바꾸는 것은 학력이 아니라 학습입니다.

이것이 바로 독학을 권유하는 이유입니다. 게다가 독학은 먹고 살 걱정을 벗어난 현대의 도시인에게 찾아오는 권태를 치료하는 처방전이 되기도 합니다. 외롭고 고독하다는 젊은이나 나이 든 어르신들의 무료함이나 소외감을 달래는 치료제가 되기도 합니다.

개미를 혼자 연구해서 책으로 펴낸 베르나르 작가, 미국의 링컨 대통

령이나 발명왕 에디슨도 독학으로 성공했습니다. 자기가 좋아서 하는 공부, 자기가 스스로 찾아서 하는 공부는 너무나 우리를 행복하게 만들어 줍니다.

문화심리학자인 김정운 박사는 만 50세가 되는 해 "난 이제 내가 하고 싶은 일만 한다."라고 일기책에 선언하고, 남들이 부러워하는 교수직을 사표 내고 일본으로 건너갑니다. 그는 일본에서 자신의 오랜 꿈이었던 그림을 본격적으로 그리며 저작 활동에 몰두했습니다. 그는 4년 동안 전문대를 졸업하고 베스트셀러 5권의 저서를 출간한 저자가 됐습니다.

인생을 재미있게 사는 법 다섯 가지는 모으기, 키우기, 만들기, 만나기, 배우기입니다. 이 중에서도 배우기는 무엇보다 큰 기쁨과 재미와 성장을 가져다줍니다. 우표 수집, 인형 모으기, 꽃을 가꾸거나 채소 기르기, 목공예로 소품 만들기, 그림 그리기도 좋고, 음악 듣기도 좋습니다. 하지만 배우기가 가장 으뜸입니다. 역사 공부도 좋고, 주역이나 풍수, 우리말 공부나 외국어 공부도 좋습니다. 금융 지식을 쌓거나, 지리학에 도전할 수도 있겠습니다.

정식 학위는 아니지만 '나 스스로 따는 달인'이라는 박사 학위에 도전해봅시다. 우리 주위를 둘러보면 많은 사람이 독학을 통하여 생활의 달인이 되거나, 그 분야의 대가로 우뚝 선 사람들이 한둘이 아닙니다. 독학 4년 만에 변호사가 된 사람도 있고, 변리사나 회계 전문가가 된 사람도 수없이 많이 있습니다. 독학은 누구라도 시간과 돈을 획기적으로 아끼면서 나의 목표를 달성할 수 있는 가장 쉬우면서 가장 빠른 길입니다. 노후 준비를 위해 매월 10만 원의 적금을 드는 것보다 하루 1시간의 독학이 훨씬 안전하고 확실한 투자입니다.

태어나면서부터 20대까지는 가정과 학교 등에서 수동적인 배움과 수업의 시기였다면, 30대 이후부터는 자기 스스로 내공을 쌓아 그야말로 인생의 진검승부가 펼쳐지는 시기입니다. 지금까지 우리가 알지 못하고, 깨닫지 못하고, 실천하지 못한 많은 것 중에서 나의 관심사 한 가지를 선택해서 독학으로 깨우치고 배우고 실습하기 바랍니다. 그렇게 함으로써 나의 자유와 행복, 그리고 참된 성공을 이루기 바랍니다.

독학의 길은 멀리 있지 않습니다. 조금만 관심을 가진다면 우리 주변에 널려 있는 책, 인터넷이나 라디오, TV 등 다양한 미디어를 통해, 새로운 만남을 통해 이룰 수 있습니다.

독학, 지금 바로 시작해봅시다.

6

실천해야 제대로 아는 것이다

영국의 철학자 프랜시스 베이컨이 말했습니다.

"아는 것이 힘이다."

이 말은 인간의 지식을 통한 자연의 정복에 기인한 것입니다. 즉 자연의 정복은 지식에 바탕을 두고, 그것에 따라서 자연을 충실하게 관찰 정리하고, 법칙을 찾아내어서, 변혁해가는 일이라고 생각한 것입니다. 베이컨에 의하면 지식이란 자연을 정복하고 변혁하며, 인간 생활을 용이하게 하는 힘이라고 생각한 것입니다.

우리는 이 말을 실생활에 적용할 때, 공부 안 하는 자녀들을 다그칠 때나 학생들의 교육을 위해서나, 상술로서 새로운 사실을 소비자에게 알리고자 할 때 많이 이용하곤 합니다. 하지만 철학적인 명제로써 이 말은 완벽하지 않습니다. 다소 불완전합니다. 왜냐하면 우리의 삶에서 자연의 정복이나 변혁, 혹은 개인의 행복이나 성공을 위해서는 아는 것만으로는 불충분하기 때문입니다.

"아는 것을 실천해야 힘이다."라고 하거나, "아는 것보다는 행하는 것이 힘이다."라고 해야 할 것입니다. 행하지 않으면 아는 것이나 모르는 것이나 다를 바가 없을 것입니다. 우리는 흔히 말만 앞서고 실천하지 않는 사람들은 신뢰하지 않습니다. 약속만 하고 지키지 않는다면 그것은 신뢰할 수 없는 사람으로, 신용을 잃을 수밖에 없을 것입니다.

우리가 자기 스스로 한 약속이나 결심도 같은 이치입니다. 정보화 시대를 살아가는 우리 현대인들에게, 많은 정보와 지식, 아는 것이 참으로 중요한 일이 틀림없습니다. 하지만 지금 우리에게 가장 필요한 것은 더 많은 정보와 지식이 아니라, 아는 것을 실천하는 것입니다. 행동하는 습관을 기르는 것, 실천하는 습관을 습득하는 일이야말로 지금 이 순간 우리에게 가장 필요한 것이 아닐까요?

중국 명대의 철학자인 왕양명은 1509년 보편적 진리나 지식을 실천하는 '지행합일설'을 주창하였습니다. 그의 주장에 따르면 사람은 효도를 실제로 행하고 있을 때만 비로소 효도에 대해 알고 있다고 할 수 있으며, 또한 바른 앎이 있어야만 바로 행할 수 있다는 것입니다.

아울러 사람의 큰 덕은 자신의 잘못을 시정하고, 끊임없이 새로운 사람이 되는 데 있다고 하였습니다. 왕양명은 알고서 행하지 않는 사람은 없었고, 알면서도 행하지 않는 것은 다만 아직 알지 못한 것이라 해석했습니다.

서양의 소크라테스도 역시 지행합일과 지덕봉 합일을 주장하였습니다. 소크라테스에 의하면 보편적 진리, 즉 참다운 진리는 그것을 실천하는 데서 비로소 진정한 가치가 있는 것이며, 참으로 알고서는 행하지 않을 수 없다고 보았습니다. 그러므로 그에 있어서 지는 곧 덕이며, 지 없이는 덕이 있을 수 없고, 덕으로 나타나지 않는 지식은 참다운 앎이 아니라는 것이었습니다. 지와 덕이 합일하면 만족이 생기는 것이니, 이것이 진정한 행복이라고 하였습니다. 이처럼 지행합일이란 바로 '앎은 행함의 시작이요, 행함은 앎의 완성'이라고 보아 지와 행은 본래 하나라 하였습니다.

우리가 입으로만 다짐하는 초심은 그 크기가 하늘에 닿는다고 해도 아무 소용이 없습니다. 행동하는 꿈은 반드시 이루어지기 마련입니다. 우리는 행복하기 위해서나 성공하기 위해서는 반드시 실천이라는 과정이 필요합니다. 인간이 가진 무한한 가능성, 그것도 역시 실천에서 오는 결과입니다.

연초가 되면 많은 사람이 새해 계획을 세우고, 이를 실천하기 위해 자신과 약속을 합니다. 하지만 거창하게 세웠던 계획이 며칠 만에 수포가 된 경험이 누구나 한 번쯤 있을 것입니다. 이럴 때 흔히 쓰는 표현으로 작심삼일이라는 말이 있습니다.

우리가 꿈을 이루는 방법은 실천입니다. 하루를 시작할 때, 출퇴근 길 등 잠깐의 시간 동안 우리가 할 수 있는 것, 행동 습관을 자연스럽게 습득할 수 있는 것을 실천하는 하루하루를 살아가시길 바랍니다.

7

관중석의 평론가보다
뛰는 선수가 되라

당신은 삶을 주도하고 있습니까?

손 놓고 그저 관망하고 있습니까?

삶의 주인공입니까, 아니면 그저 관찰자입니까?

안셀름 그륀이 쓴『삶을 놓치지 마라』를 잠시 소개합니다.

책 속에는 불확실한 세상 앞에 겁을 먹고 주저하는 청년들, 많은 것을 이뤘지만 더는 희망을 품지 않는 중년들, 늘 순응만 했을 뿐 삶을 헛살았다고 한숨짓는 노년들이 등장합니다. 저자는 많은 사람이 삶을 놓치고 마는 내적 태도를 살펴봅니다. 무엇보다 큰 문제는 안전장치만 마련하다가 앞으로 나아가지 못하는 경향이고, 또 자신의 주위만 맴도는 나르시시즘도 문제라고 지적합니다.

먼저 불확실한 세상 앞에 겁을 먹고 주저하는 청년들이 있습니다.

그들은 앞으로 삶을 어떻게 꾸려가야 할지 근심합니다. 절망의 눈으로 앞날을 내다보고, 안전장치를 마련해두려 합니다. 과거에는 한 직장에 들어가서 성실하게 일하는 것으로 족했습니다. 그러면 일자리가 보장되었습니다. 그런데 현재는 이 직장이 존속할지, 자신이 구조 조정 대상이 되어 해고될지 알 수 없습니다. 불확실성이 크니 확실성에 대한 욕구도 커집니다. 그러나 삶이란 늘 불확실합니다. 지속적 삶을 원한다면 일단 뛰어들어야 합니다. 위험을 각오하고 삶을 살아가야 합니다.

다음에는 많은 것을 이뤘지만 더는 희망하지 않는 중년들이 있습니다.

그들은 자신의 직업에서 자리를 잡았고, 어느 정도 안정된 삶을 누리고 있습니다. 그러나 무엇인가 새로운 게 아직은 더 있으리라고 희망을 품지 않습니다. 많은 사람이 중년기에 위기에 빠집니다. 그런 다음 새롭게 길을 나섭니다. 그렇지만 중년기에 내면에서 참된 자기를 찾기를 거부하는 사람들도 적지 않습니다. 그들의 영혼은 멈춰 서 있습니다. 삶의 에너지를 잃었습니다. 삶의 에너지는 중년기의 도전에 맞서야만 되찾을 수 있습니다. 그들은 삶의 남은 절반을 위해 새롭게 의미를 찾아야 합니다. 마지막으로 늘 순응했지만 삶을 헛살았다고 한숨짓는 노년들도 있습니다.

"어떤 일에도 자신이 없었고, 꿈을 실현해 볼 용기도 내지 못했습니다. 소임을 다하는데 그저 만족했습니다. 이제 나는 늙었고, 모든 게 부질없습니다."

그들은 놓쳐버린 삶, 살아보지 못한 삶에 집착합니다. 자신의 과거를 한탄합니다. 어떤 이들은 갖가지 외적 활동으로 삶의 권태를 몰아내려 하고, 다른 이들은 고독 속에 숨어 더는 집 밖으로 나오지 않습니다.

이런 삶에서 벗어나기 위해서 무엇이 필요할까요? 다시금 당신의 삶에 주인으로 뛰어들 수 있는 몇 가지 길을 제시합니다.

첫째, 자신의 목표에 대해 과감히 행동하는 것입니다. 두려움에 떨며 주저하지 말고 자신의 힘과 의지를 믿고 삶에 뛰어들 마음을 먹는 것입니다. 그리고 시작을 결심하고 행동으로 실천해 봅니다. 자신의 길을 가는 데 너무 늦을 때는 없습니다. 설령 많은 기회를 놓쳤더라도 우리는 매 순간 다시 시작하며, 보다 의식적으로 살 수 있습니다. 우리는 남들보다 뛰어난 사람만이 성공할 가망이 있다는 거짓말에 쉽사리 속아 넘어가니다. 누구나 끝내 목표에 도달한다는 분투력만으로 성공을 이룰 수 있습니다.

둘째, 자존감과 존재에 대한 깊은 인식입니다. 하루에 세 번 깨어 있는 의식으로 나의 존재를 확인하는 일입니다. 그러기 위해서 스스로 이렇게 질문을 해봅니다.

'나는 어디에 서 있는가?'
'나의 존재 의미는 어디에 있는가?'
'나는 어디로 향해 가고 있는가?'
'나의 목표와 비전은 무엇인가?'

모든 존재의 목적은 자신이 삶의 주인이 되어 꽃으로 피어나는 것입니다. 인생의 목적은 '나를 나로 꽃피우는 것'이라고 정의할 필요가 있습니다. 우리는 모두 내가 원하는 삶을 향해 나아가도록 방향을 알려주는 나침반을 가지고 있습니다. 현재 느끼는 감정이 기쁨, 감사, 환희, 충만, 평화, 만족, 사랑과 같은 기분 좋은 감정들이라면 당신은 옳은 길 위에 서 있는 것입니다. 감정이야말로 나의 인식과 생각을 측정하는 잣대고, 내가 옳은 방향으로 가고 있는지를 알려주는 가장 효율적인 도구입니다.

셋째, 자기 내부에 변화 성장의 동기 부여와 공부나 독서 습관 만들기가 필요합니다. 저의 경우에는 목적을 가진 독서와 불편한 독서를 병행합니다. 디지털 시대에 우리는 자신이 주도적으로 성장하기 위해서 공부와 독서에 대한 많은 질문을 하게 됩니다. 그리고 어떤 기술과 지식을 습득해야 자신이 발전할지 고민합니다. 이러한 물음에 대해 『공부의 미래』에는 다음과 같이 답합니다.

　"문제 해결 방법을 가르치는 것, 도구가 아니라 문제에 대해 가르치는 게 중요하다."

　이 말은 최신 지식을 배우는 데 급급할 것이 아니라, 그것을 어떻게 문제 해결에 사용할지를 배우는 것이 무엇보다 중요하다는 것입니다. 시험에 대비하거나 노동력을 준비시키는 것이 아닌 삶을 준비시키는 교육이 되어야 한다고 강조합니다.

　"위대한 사람은 평론가가 아니다. 관중석에 앉아서 선수가 뭘 어찌했고, 어떻게 하면 더 잘할 수 있는지 지적하는 그들이 아니다. 영광은 먼지와 피와 땀으로 범벅이 된 채 경기장에서 뛰고 있는 자의 몫이다. 앞서면 이길 것이요, 뒤지면 패할 것이다. 그러나 실패하고 패배했다 해도 그는 담대하고 위대하게 진 것이다. 경기장 안에서 담대하게 뛰는 것, 그것이 인생이다."

　시어도어 루스벨트가 한 말입니다.

　자신의 길을 가는 데 너무 늦을 때는 없습니다. 이제부터라도 눈을 크게 뜨고 나만의 길을 찾을 수 있습니다. 도전하고 개척하는 당신의 인생을 응원해 드립니다.

당신의 하루를 글쓰기에 투자하라

홀로 천천히 자유롭게 사는 삶을 원합니까? 당신의 하루를 글쓰기에 투자하십시오. 리터러시 지능(Literacy Quotient)을 향상한다면 당신이 원하는 삶을 살 수 있습니다. 누군가가 내가 올린 글을 읽고 기뻐하거나 울거나 분노하고 각성해 그로 인해 변화를 꿈꾼다면 그만한 보람과 영향력이 어디 있겠습니까.

자기만의 메시지를 담은 웹사이트나 블로그, 혹은 한권의 책과 같은 자신만의 미디어를 가졌다는 것, 또 그러한 영향력을 집대성한 개인 브랜드를 가졌다는 것, 이것은 개인이 가질 수 있는 대단한 힘이며 재산입니다.

말하기와 글쓰기 재능은 누군가의 영혼에 불을 놓아 그로 하여금 자신의 삶을 자극시켜 일으켜 세웁니다. 또 누군가를 분노하게 만들며, 힘을 모아 어떤 권력도 막지 못하는 파도를 일으키고 장벽을 무너뜨립니다.

쓰기는 읽기에서 시작하고, 읽기는 쓰기로 완성됩니다. 잘 쓰기 위해선 읽기와 생각하기, 그리고 쓰기라는 각각의 모듈이 하나의 메카니즘으로 작동하는 프로세스와 훈련이 필요합니다.

읽기가 중요한 것은 생각과 표현하기라는 중대한 능력과 연동되기 때문입니다. 읽기를 통한 외부의 자극은 머릿속에 담겨진 기존의 지식을 인출하면서 새로운 생각을 만들고 이어 또 다른 지식을 창조하는 시작점이 됩니다.

세계의 유명 대학들 역시 학생들이 더 경제적으로 책을 읽고 이해하도록 만들기 위해 신입생 교과 과목으로 교양 필수항목으로 선택된 책을 의무적으로 읽게 하고, 속독법과 같은 독서의 방법을 가르칩니다.

읽기는 문자를 인지하는 단순한 행위가 아닙니다. 읽기는 통찰입니다. 문자의 나열이 의미하는 읽기란 문자더미에서 수많은 지식과 정보들이 지닌 개개의 단서들을 찾아 그것을 선으로 연결하고 입체적으로 조립해 그 사이에 존재하는 의미를 해석하고 나만의 필터로 해독하는 일입니다.

나아가 삶을 읽어내는 일이며, 온 우주에 대한 지식과 통찰을 내 삶에 불러오는 일입니다. 세상을 파악하는 안목을 기르는 행위입니다. 이것이야말로 자기계발을 꾀하는 이들이 갖춰야 할 가장 중요한 능력입니다.

읽기는 읽어낸 지식과 정보의 양과는 무관합니다. 그 양이 얼마나 되든, 중요한 것은 그 속에서 무엇을 읽어낼 수 있는가 하는 것입니다.

잘 읽으면 잘 쓰게 되고, 잘 썼다는 건 잘 생각했다는 증거입니다. 잘 생각하려면 더 읽게 되고, 더 읽으면 더 쓰게 되고, 다시 더 생각하게 되고, 이것이 반복해서 시간이 늘어나면 그 결과 콘텐츠를 기획하고 창조하는 능력이 출중해집니다.

리더가 되고 싶고, 성공을 원한다면 읽고 쓰는 사람이 되십시오!

SELF MARK ETING

Part 6

방식을 바꾸는
셀프 마케팅 원칙 4
- 비판하라

1

성급한 낙관론의 함정:
장애물을 생각하라

당신이 결심한 연초의 계획은 잘 이행되고 있는지요?

혹시 계획만 하고 실행을 미루고 있지나 않으신지 질문드립니다.

체중 감량 프로그램에 참여하는 비만 여성 25명을 대상으로 작은 실험이 이뤄졌습니다. 실험 전 참여 대상들에 대해 살을 뺄 가능성이 얼마나 될지, 그리고 얼마나 많이 뺄 수 있을지 먼저 물었습니다. 그리고 6개월 후 결과를 확인했습니다. 결과는 어땠을까요? 자신이 살을 잘 뺄 것이라고 확신하고, 맛난 도넛 접시를 자신 있게 외면할 수 있으리라 생각한 사람일수록 오히려 살이 덜 빠졌습니다. 살을 뺀 후 본인 매력에 대해 유난히 높은 점수를 주고, 날씬한 모습으로 거리를 활보할 것이라 상상했던 사람들은 체중 감량에 실패했습니다.

그들은 살을 빼기가 어려우리라 생각한 사람들보다 평균적으로 10여 kg이나 덜 빠졌습니다. 이 실험은 낙관론의 함정에 관한 실험으로, 미래에 대해 낙관적이라 생각한 사람들이 오히려 살이 덜 빠졌는데, 그 이유는 노력 부족 때문이었습니다. 살을 뺀 모습에 몰입할수록 이미 체중 감량이 된 것 같은 위안을 받은 참가자들은 시작부터 해이해졌습니다. 반면 살이 잘 안 빠지리라 생각한 사람들은 기를 써서 독하게 살을 뺐습니다. 행동의 뒷받침 없는 낙관적 사고의 역설을 보여주는 대목입니다.

체중 감량을 목표로 하는 사람들이 지나친 낙관론과 함께 겪는 또 다른 문제 한 가지가 있습니다. 미루는 습관입니다. 미루는 태도는 게으름이 아닙니다. 우리는 다양한 일들을 미룹니다. 숙제를 미루고, 청소를 미루고, 운동을 미룹니다. 아이러니하게도 미루는 습관을 버리라는 주제의 칼럼을 쓰고 있는 나 자신도 일을 미루다 예정보다 이틀이 지나서야 이 글을 쓰고 있습니다. 일단 목표를 세우면 미루지 않고 실행에 옮겨야 하지만 현실은 다릅니다. 미루는 버릇은 쉽고 즐거운 일을 하면서, 중요하고 덜 즐거운 일을 뒤로 넘기게 만듭니다. 이메일, 트위터, 페이스북, 음식, TV 같은 것들이 일을 미루는 좋은 핑곗거리입니다.

미국 드폴대학교 심리학과 조셉 페라리 교수는 전미심리학회와 가진 인터뷰에서 이렇게 밝혔습니다.

"우리는 모두 일을 미루는 버릇을 가지고 있습니다. 제가 조사한 바에 따르면, 미국인 중 20%는 고질적으로 일을 미룹니다. 집, 직장, 학교, 대인관계에서 해야 할 일을 하지 않고 꾸물거립니다. 20%라는 수치는 널리 알려진 우울증이나 공포증에 걸린 사람들보다 많습니다."

이처럼 혹시 일을 미루는 것이 우리 모두의 삶의 방식이 돼버린 것이 아닐까요? 미루는 버릇을 확실하게 물리치려면 우선 그 본질을 이해해야 합니다. 일을 미루는 이유는 두 가지입니다.

첫째, 동기가 부족하다는 것입니다. 둘째는 목표를 정하거나 과제 목록을 만들 때, 미래에 느낄 감정에 대비해 현재에 느끼는 감정이 지니는 힘을 과소평가하기 때문입니다.

당신이 무언가를 이루기 원한다면, 어떻게 해야 할까요?
지금 당장 행동하지 않는다면 당신의 미래는 보장될 수 없습니다. 하루에 몇 분 만이라도 작심한 목표에 도전하는 시간을 가지십시오. 행동해보면 당신의 인생은 달라질 것입니다. 특히 '최초의 행동'은 작심삼일을 작심 삼 년으로, 더 나아가 평생을 위해 나를 성장시키는 의지의 에너지입니다. 최초 행동을 시작했다면, 다음은 그 작은 행동을 지속해서 반복하기를 자신에게 독려하기 바랍니다.

"당신이 무언가를 간절히 원한다면 온 우주가 당신의 소망이 이뤄지도록 도와줄 것이다."

파울로 코엘료의 소설 『연금술사』에 나오는 이 대사처럼 우리는 긍정과 소망의 힘에 무한대 신뢰를 보여왔습니다. 일단 꿈을 꾸고 그 꿈이 이뤄질 것이라고 확신한다면, 이미 꿈은 이뤄진 것이나 다름없다는 것입니다. 그리고 긍정적 사고는 개척자 정신과 마찬가지로 개인 인생은 물론 사회적으로도 바람직한 것으로 믿어졌습니다.

그러나 우리의 인생은 긍정적 사고만으로 모든 일이 해결되는 게 아닙니다. 우리의 꿈을 이루기 위해선 낙관과 함께, 도전에 따르는 장애물과 방해를 극복하는 노력이 투입돼야 합니다. 또한 자기 소망이 이뤄질 가능성이 어느 정도일지 예측하고, 그 소망을 이루기 위해선 어느 정도 노력이 투입되어야 하는지도 알아냅니다.

심리학의 대가인 뉴욕대 가브리엘 외팅겐 교수는 이렇게 말합니다.

"장밋빛 미래만을 생각하는 낙관적 사고는 역설적으로 목표 달성에 해롭다. 리더라면 구성원들에 동기부여를 하기 위해선 희망을 제시한 후 반드시 장애물도 함께 강조해야 한다."

자신이 이루고자 하는 소망에 대해 낙관적으로 생각하고 소망이 이루어지면 문제가 없습니다. 그러나 현실에선 아무 걱정 없이 잘될 것이란 낙관이 오히려 목표 달성을 방해합니다. 그것은 불확실한 환상에 안주하기 때문입니다. 미래에 어떤 일이 꼭 일어날 것이라고 꿈꾸면 자기도 모르게 그 일이 이미 이뤄졌다고 생각하는 판타지가 생깁니다. 그러다 보면 목표 달성에 필수적으로 수반되는 노력을 게을리하게 됩니다. 결국, 노력 부족으로 소망은 이뤄지지 않고 좌절과 실망에 빠지고 맙니다.

그렇다면 긍정적 사고를 하면서도 목표를 이루기 위해선 어떠한 노력이 필요할까요?

자기 소망을 장밋빛으로 생각하는 것은 좋습니다. 그러나 그 후에는 반드시 차가운 현실적 여건을 생각해야 합니다. 꿈을 생각하고 난 후에 장애물을 떠올리는 것입니다. 이것을 '정신적 대비(Mental contrasting)' 라고 합니다. 정신적 대비는 간절한 목표에 대한 소망을 간직하면서도, 장애물에 도전하는 수고와 노력을 감수하게 하는 것입니다.

성급한 낙관론은 목표 달성을 위한 노력을 게을리하는 오류를 범할 수 있습니다. 이를 경계해야 하지만, 여전히 미래에 대한 긍정적 태도는 중요합니다. 미래에 대한 낙관적 전망을 유지하면서도 오류에 빠지지 않도록 대비해야 합니다.

2

문제의 본질을 꿰뚫어볼 수 있는 관점 훈련
관점을 바꾸면 불가능은 없습니다

"나의 사전에는 불가능이 없다."

나폴레옹이 한 말입니다. 이 말은 전투에 임하는 장수의 의지와 굳은 마음을 표현한 것입니다. 우리나라의 군대에서도 이와 비슷한 말로 사병들을 교육합니다. 바로 "안 되면 되게 하라."라는 말입니다.

전장에서 목숨을 건 전투에 임하는 군인들에게, 부여된 임무와 책임을 완수하기 위해서는 굳은 각오와 결심이 필요합니다. 목표를 세웠으면 기필코 달성해야 승리할 수 있고, 목숨도 구할 수 있기에 문제는 반드시 해결해야만 합니다. 그러다 보니 전쟁을 대비한 훈련 기간에도 과제 해결을 위해서는 어떤 수단을 가리지 않고 임무를 수행하는 훈련이 필요한 것입니다.

살다보면 우리 인간의 노력만으로는 이룰 수 없는 일도 많고, 해결하기 어려운 수많은 장애물을 만나기도 합니다. 그럴 때도 문제 해결을 위해서는 어떤 아이디어라도 만들어내고, 기필코 과제를 해결할 수 있다는 믿음이 필요하게 됩니다. 문제 해결에 대한 희망이 없다면 인간은 바로 자신의 처지에 비참함과 실망감에 빠져버립니다. 이럴 때는 우리에게 희망의 메시지가 필요하고 스스로 희망을 만들어내야 합니다. 이럴 때 유용한 문구가 "바로 안 되면 되게 하라"는 믿음입니다.

우리의 마음속 생각을 바꿀 때 절망은 다시 희망으로 바뀔 수 있습니다. 스스로 관점을 바꿈으로써 문제 해결의 실마리를 풀어갈 수 있습니다. 이때 세상을 바라보는 우리의 관점이 중요한 것입니다.

컵에 반 담긴 물을 보고서 "아니, 벌써 반을 먹었나?"와 "아직 반이나 남았네!"가 바로 관점의 차이입니다. 문제의 본질을 잘 꿰뚫어 볼 수 있는 우리의 관점 훈련이 필요합니다. 관점 훈련은 다르게 보기 훈련입니다. 즉 고정 관념에서 탈피해서 다른 방향으로 바라보는 것입니다. 한 점에서 바라볼 수 있는 방향은 수도 없이 많습니다. 상하가 있고 좌우가 있고 동서남북이 있습니다. 대각선 방향과 360도 다른 방향이 있습니다. 그야말로 방향은 무한대입니다.

그러나 대부분의 사람은 생각이 한쪽에 치우칩니다. 이것이 나중에는 자신이 바라보는 한 방향의 고정 관념이 되는 것입니다. 고정 관념에 익숙해지면 다른 방향으로 바라보기도 힘들어지지만, 다시 다른 방향으로 나아갈 꿈도 꾸지 않게 됩니다. 우리 뇌는 익숙한 것에 쉽게 길들여지고, 심사숙고 대신 자연적으로 자동 의사결정을 하도록 되어 있습니다. 이렇게 되면 모든 나의 의식과 생각이 고정 관념으로 획일화되고, 나의 사고는 굳어져 세상을 보는 시각이 당연함으로 고정됩니다. 이것은 우리가 '모든 문제의 정답은 하나다'라는 고정 관념에 길들어왔고 교육받았기 때문입니다.

이제는 우리가 정답을 부정하고 당연함을 부정하는 관점 훈련을 해야 합니다. 아울러 나만의 특별한 생각을 찾아내야 합니다. 이후부터는 정답에 근거해서 이것이 '맞다', '틀리다'라는 생각에서 벗어나야 합니다. '나는 옳고 너는 틀렸다'가 아니라 '너와 나의 생각이 서로 다르다'는 인식이 필요한 때입니다.

관점 디자이너인 박용후 작가는 "세상을 바꾸고 싶다면 당연함을 부정하라."라고 말합니다.

"사람들이 당연하게 생각하는 것을 계속 당연하게 생각한다면, 과학과 철학은 발전하지 않았을 것입니다."

어떤 일을 추진하다가 실패했을 때, 가장 쉽고 편한 선택은 바로 포기하는 것입니다. 세상에는 성공하는 사람들보다 실패하는 사람들이 더 많습니다. 포기하기 전까지는 다 우리가 거쳐가는 과정의 일부입니다. 포기하지 않고 다시 일어설 수 있다면, 언젠가는 성공할 날이 있을 것입니다.

그것은 지금까지 시도했던 방법과는 전혀 다른 생각과 행동으로 길을 찾아내는 것입니다. 만일 우리가 넘어지고 엎어지고 다치고 힘들다고 하더라도 일어나는 것을 멈추지 않고 일어날 수만 있다면, 그 자리에서 벗어나 앞으로 다시 나아갈 수 있습니다.

지금 당신의 생활 속에 변화가 필요하고 무언가 해결해야 할 고민에 직면해 있다면, 절대 포기하지 않기 바랍니다. 두드리고 구하면 길이 열릴 것입니다. 현재의 당연함 속에 머무를 것이 아니라 미래를 바라보고, 미래에 당연해질 것에 집중해야 합니다. 관점을 바꾼다면 당신에게도 불가능은 없습니다. 그리고 내가 생각하는 고정 관념에서 벗어나 기존의 방법들을 부정하는 특별한 생각들이 당신의 미래를 바꿀 것입니다.

세상을 바꾸려면 다른 사람과 똑같이 생각하고 똑같은 관점을 가져서는 안 됩니다. 그리고 나의 고정 관념을 경계해야 합니다. 내가 옳다거나 바르다고 생각하는 것이 절대적이라고 생각해서는 안 됩니다. 우리는 열린 사고를 가질 수 있어야 하며, 너도 나도 틀릴 수 있다는 것을 인정해야 합니다.

한 가지 정답에만 집착하지 않고, 기존과 다른 새로운 방향을 바라보는 것만으로도, 당신의 사전에도 불가능은 없습니다.

3

나는 오늘 진화하고 있는가?
강한 자가 살아남는 것이 아니라
변화하는 자가 살아남는다

"살아남는 것은 가장 강한 종이나 가장 똑똑한 종들이 아니라, 변화에 가장 잘 적응하는 종들이다."

찰스 다윈의 말입니다.

이 시대는 진화 혁명의 시대입니다. 4차 산업혁명으로 이끌리는 호모 사피엔스들이 포노사피엔스로 변신하고 있기 때문입니다. 인터넷과 스마트폰을 기반으로 소통과 생활 방식을 바꾸고, 스마트폰을 신체 일부로 인식하는 인류가 바로 포노사피엔스입니다. 이 포노사피엔스는 디지털이라는 기술 방식을 적용하여 우리의 모든 삶의 형태와 문명을 발전시켜 나가고 있습니다.

이때 나는 어느 정도 이 진화의 속도에 적응하며, 기존 환경과 질서의 붕괴에 대응할 수 있을까요? 이 시대적 변화에 대해서 막연한 불안감으로 거부하지 말고, 나 스스로 변화에 적극적으로 동참해야 합니다. 변화를 이끄는 디지털 혁명과 포노사피엔스의 문명을 이해하는 것이 나의 미래를 결정할 것입니다. 지금 나는 얼마나 진화하고 있는지 살펴보아야 합니다.

노노족을 아십니까? 제 주변에서는 요즘 신조어인 '노노족'에 대한 관심이 높아졌습니다. '노노족'이란 영어 '노(No)'와 한자 '늙을 노(老)'를 합성해 만들어진 신조어입니다. 바로 '늙지 않는 노인' 또는 '늙었지만 젊게 사는 노인'을 일컫고 있습니다.

또한 젊은이들과 노년층에서도 '덕질'이라는 것도 유행하고 있습니다. '덕질'은 자기가 좋아하는 분야에 심취해 관련 자료를 찾거나 모으는 일을 하는 것입니다. 아울러 최근엔 너 나 없이 '관종'이 되려고 노력하는 사람들이 넘쳐나고 있습니다. '관종'이란 타인에게 관심을 받고 싶어 하는 욕구가 넘쳐나는 '관심종자'의 줄임말입니다.

이러한 신조어가 생긴 것은 생명 의학은 물론 경제와 정치, 문화와 사회, 자연 과학 등 사회 변화가 가져온 하나의 현상입니다. 지금 세계는 지구 환경 문제, 냉전 이후의 새로운 경제 전쟁에 직면하고 있습니다. 국내에서도 진보와 보수 사이의 갈등이 심화되고 있으며, 청년층과 장년층의 세대 갈등과 각자도생의 생존경쟁에 내몰리고 있습니다. 다양한 형태의 전쟁 상황에서는 다윈의 진화론에 다시 관심이 쏠리고, 적자생존의 법칙이 다시 중요한 이슈가 되고 있습니다.

"모든 사람이 세상을 변화시키는 것을 생각한다. 하지만 누구도 그 자신을 변화시키는 것은 생각하지 않는다."

레오 톨스토이는 말합니다.

100세 인생 시대, 4차 산업혁명과 불확실성의 시대에 각자도생으로 살아남기 위해서 변화와 진화는 생존 자체의 필수 필요조건이 되고 있습니다. 이때 나에게는 무엇이 필요하고 어떤 준비를 해야 할지요? 우리는 모두 더 나은 내일과 미래를 위해 오늘도 낙오되지 않으려고 노력하고 있습니다. 과연 이 시대 상황에 부합하는 개인의 방어 전략으로 무엇이 필요한지 몇 가지 생각해보겠습니다.

저는 개인적으로는 최소한 세 가지 항목을 일상에서 점검하기로 했습니다.

첫째 평생 배움의 자세 유지하기, 둘째 독서 습관의 확립, 셋째 사회 공헌과 기여의 영역 찾기와 자리 확보하기(포지셔닝)입니다.

이와 더불어 나 자신도 일과 휴식 속에서 조화로운 '덕질'과 '관종'의 노력이 필요하다고 생각합니다. '평생교육', '덕질과 관종'은 이제 자신은 물론 사회의 건전성과 행복을 가늠하는 핵심 키워드가 되었습니다.

우리는 누구라도 자신이 좋아하는 일을 하고, 자신이 진정 해보고 싶은 것을 시도했다면, 후회 없는 삶이 되었을 것입니다. 게다가 일과 휴식, 노는 것과 취미가 일과 융합되어 함께 이루어진다면 더욱 행복한 삶이 될 것입니다.

인생에서 지금이 전반이든 후반이든 나이에 상관없이 '새로운 도전'은 필요하고, 특히 시니어라면 "난 오늘도 젊게 산다"라는 의식이 필요합니다. 일에도, 자아계발에도 나이 제한은 없습니다. 이미 현실이 된 고령화 사회에서 노후 대비는 물론 자아계발과 행복을 쟁취하기 위해 애쓰는 노년층이 늘어나고 있습니다.

2020년 기준, 한국인의 평균 수명은 남자 79.7세, 여자 85.7세입니다. 그리고 실제 환경은 현재의 기준보다 평균 20년은 더 살아야 합니다. 그 긴 시간 동안 열정과 에너지를 집중할 대상과 목표를 찾지 못한다면 '아, 난 쓸모없는 인간인가'라는 자괴감에 빠질 수밖에 없습니다.

우리 각자는 생산과 소비에서 적극적으로 활동할 수 있는 메커니즘을 구축하는 것이 필요합니다. 과거 우리들의 여가나 취미 활동은 주민자치센터나 평생학습관 등에서 탁구, 배드민턴, 수영 등의 가벼운 스포츠나 꽃꽂이, 그림 그리기 등을 의미했습니다.

예전보다 향상된 교육 환경과 소득 수준으로 신문화와 문물이 크게 확대되었습니다. 이제 각 개인이 마음만 먹으면 더욱 적극적으로 자기계발과 특기 발굴을 할 수 있고, 일자리도 찾을 수 있게 되었습니다.

4차 산업혁명 시대에는 우리의 교육 커리큘럼도 인공지능(AI), 사물 인터넷, 빅데이터, 로봇 분야 등이나 글로벌 리더십, 글로벌 감각, 전략 경영, 변화 경영, 위기관리, 평판 관리 등의 핵심 역량을 강화하는 쪽으로 변합니다.

이제 인류는 포노사피엔스로 진화해야 합니다. 무엇보다 디지털 기기 활용 능력, 우리 몸의 일부가 되어버린 스마트기기의 사용 기술을 적극적으로 익히고 사용하는 능력을 배양해야 합니다. 또한, 나 자신은 매력적인 스토리를 갖춘 사람, 디지털을 이용하여 결합 혹은 융합을 통해 킬러 콘텐츠를 만들 수 있는 '쓸모 인류'로 진화해야 합니다.

최근 한일 간 경제 전쟁이 한창입니다. '노노 재팬', 항일 불매운동이 사회 곳곳에서 벌어지고 있습니다. 과연 우리 한국은 괜찮은 걸까요? 진화 혁명, 불확실성의 시대, 나는 지금 제대로 진화하고 있고 사회와 가정에서 쓸모 있는 인간인가요? 변화를 위해 진화하고 있는가 자문해 봅니다.

4

'날 자료'들을 비교하며 읽는
'수평적 읽기'

역사를 바라보면 미래 세상이 보입니다. 다양한 뉴스 때문에 과거보다
는 미래에 더 관심을 가진 오늘날이지만, 저는 과거 역사를 되돌아보라
권합니다. 과거를 살펴보세요, 그럼 미래 세상이 보일 겁니다.

과거의 세계사적 사건 속에서 우리가 살펴볼 것은 무엇일까요? 우리
앞에 놓인 현안들과 위기 속 난제들, 새로운 시대에 대처하는 법 등 해법
을 찾기 위해서 역사를 배워야 합니다. 저는 자연사는 물론, 인류의 역사
를 담은 역사서나 우주 지구 과학서, 세계 지리서, 다양한 미디어의 역사

기록들을 통하여 과거를 배웁니다. 특히 인류 기원의 역사를 담고 있는 성경을 통해서도 많은 교훈과 지혜를 구합니다.

'역사란 무엇인가?'

'역사를 어떻게 읽고, 무엇을 배울 것인가?'

'한 시대의 인물과 사건, 수많은 세기 동안 인간과 자연이 만든 지구 변천사 속에서 무엇을 배울 것인가?'

수많은 시간과 공간 속에서 벌어진 사건과 사고, 거룩한 업적, 흥망성쇠 속에서 우리가 기억하고 있는 것, 우리가 기록한 것들을 되새기며, 오늘을 바라보고 미래를 꿈꾸어봅니다. 역사 안에는 우리가 기록한 것들도 있고, 놓친 것들도 있습니다. 그러나 우리가 기억할 수 있는 부분은 너무나 작고 미약합니다.

역사가 만들어온 결과 안에는 기승전결이 숨어 있습니다. 그래서 우리는 그 사건의 배경과 원인, 진행 과정과 결과를 모두 바라볼 수 있으며, 과거의 성과들을 통하여 다가올 미래를 예측해 볼 수 있습니다.

우리는 역사를 통하여 통찰과 교훈을 얻습니다. 역사를 통하여 미래를 읽고, 자신을 돌아보고 반성합니다. 보지 못한 것, 잘못 인식한 것, 잊어버린 것, 다시 보아야 할 것이 무엇인지 생각해봅니다. 역사 속에서 국가가 이룩한 정치의 결과와 개인이 할 수 있는 일, 할 수 없는 일, 해야 할 일, 하지 말아야 할 일이 무엇인지도 깨닫습니다.

역사 교육학자인 샘 와인버그가 저술한 책『내 손안에 스마트폰이 있는데 왜 역사를 배워야 할까』에서 저자는 우리에게 "역사적, 비판적 사고를 하라"고 강조합니다.

와인버그는 지금 가장 필요한 것으로 '역사적 사고'를 제안합니다. 그러나 역사를 암기하고 질문에 답하는 기존 방식이 아닙니다. 지금 우리의 시대는 정보가 넘쳐나는 '디지털 대중'의 세상입니다. 그러나 그는 한편에 '정보 문맹'의 시대임을 지적합니다.

저자 샘 와인버그에 따르면 우리의 신세계는 인터넷 · 스마트폰과 구글 · 유튜브가 만들어낸 영화 〈매트릭스〉적인 신세계에 살고 있으며, 그곳은 '권위로부터 자유로운 디지털 대중의 세상'이며, '입소문의 세상'입니다. 그러나 정보의 신세계는 유토피아가 아닙니다. 가짜 역사가 흘러넘치는 곳입니다. 이 가짜 역사는 세균이 번식하는 것보다 더 빠른 속도로 사이버 공간에서 재생산됩니다.

'맞춤식 가짜 역사 만들기'가 어떻게 가능할까요?
디지털 속 소비자들은 판단하지 않습니다. 결정은 모두 구글에 넘깁니다. 매일 넘쳐나게 쏟아지는 정보의 더미에 일일이 대처하기에는 우리의 시간은 턱도 없습니다. 그래서 저자는 '역사적 사고'를 제안합니다. 역사적 사고의 핵심은 '비교하고 바라보기'입니다. 결론에 도달하기 전에 다양한 사료를 읽고 서로 비교하고, 이해하는 과정을 선행하는 것입니다.

어떤 결정이든, '가짜 뉴스'를 찾으러 여러 웹사이트의 뉴스들을 띄워 정보를 비교하는 팩트 체커들처럼 '날 자료'들을 비교하며 읽는 '수평적 읽기'를 하는 것입니다. 저자는 이를 '마음을 잘 쓰는 법을 배우는 여정'이라고 말합니다. 우리에게 필요한 것은 단순 지식이 아니라 통찰력과 비판적 사고인 셈입니다. 이러한 통찰력은 바로 역사 공부를 통해서 만들어질 수 있습니다. 더 나아가 역사 공부를 포함하는 미디어, 뉴스 리터러시 능력을 배양하는 것입니다.

우리가 역사 교육에서 얻을 수 있는 것은 진실과 가짜의 구분, 진리와 정의의 수호가 어떻게 이루어지는지입니다. 역사적 사실 속에 숨어 있는 이러한 깨달음을 통해 현실을 인식하고 미래를 설계해 나가는 것이 필요합니다.

역사 속에서 정의는 항상 다수의 의견만으로 이루어지지 않음을 알 수 있습니다. 정의는 항상 자신이 옳다고 믿는 윗사람 갑에 의해서 이루어졌습니다. 그리고 소수의 갑에 의해 정의가 변질하기도 했음을 보여줍니다. 이제 우리의 교육이 '역사적 사고' 수업과 '역사가처럼 읽기' 수업처럼 전체 교육 과정을 비판적 사고 방향으로 근본적으로 전환할 것을 요구합니다.

    우리가 왜 역사에서 배워야 할까요?

    다름 아닌 '통찰의 힘', '비판의 힘'을 키우기 위해서입니다. 국제화 시대, 정보화 시대, 디지털 사회로 세상은 점점 더 복잡해지고 사고할 시간은 점점 줄어들고 있습니다. 통찰의 힘을 상실한 오늘, 그 누구도 섣불리 위험 부담을 지지 않고 결단하려고 하지 않습니다.

    그리고 아무도 잘못을 책임지려 하지 않습니다. '내로남불'이 모든 진리와 정의를 좀 먹고 있습니다. 우리는 너 나 할 것 없이 미래 불확실성과 혼돈 속에 갇혀버린 느낌입니다. 안개 속 혼돈을 몰아내고 보다 선명한 시야를 확보하기 위해서라도, 역사적 교훈 속에서 진정한 통찰의 힘을 얻을 수 있기를 바랍니다.

    수평적 읽기의 목표는 편향된 프리즘을 통한 역사 읽기를 극복하는 것입니다. 이를 통해 역사를 다각적, 다층적 관점에서 입체적으로 조명, 시대적 진리를 확보하는 것입니다.

5

누가 돌을 던지는
용기를 낼 수 있는가?
용기 있는 자, 돌을 던져라

양심과 윤리, 용기에 대해 이야기해봅시다. 교수들이 수업 시간에 사용할 교재를 출간하면서, 다른 교수가 쓴 책 표지만 바꾸어 자기 이름으로 출간하다 검찰에 고발된 적이 있습니다. 소위 표지 갈이를 하다 무더기로 고발된 교수가 전국에 걸쳐 180명에 이른다고 합니다. 대학 교수의 윤리가 이러한데 다른 곳의 사정은 어떠할까 생각해봅시다. 지금 우리가 사는 세상, 사회 곳곳의 윤리 의식은 어느 정도일까요?

미디어에 등장하는 뉴스를 보면 정치인들은 수많은 법안들을 국회에

계류시키고, 국민의 이익과 행복보다는 지역과 개인의 이기주의에 물들어 다수의 이익이 아닌, 소수의 특권에 부합하는 법안만 통과시키고 있습니다. 아니면 권력을 이용한 갑질로 국민의 지탄을 받고 있으며, 경제인들은 하루가 멀다고 탈세와 횡령으로 실형을 받는 기사가 넘쳐납니다. 법조계는 사시 존치와 로스쿨 문제로 갈등을 표출하고 있으며, 한의학과 현대 서양 의학이 서로 충돌하고, 노동계는 정규직과 임시직이 서로의 일자리를 뺏는다며 밥그릇 싸움이 한창입니다.

공직 사회 역시 자신의 밥그릇이나 개인의 영달에 관심이 있을 뿐, 공익과 헌신에는 관심이 없는 듯 보입니다. 또한 소위 김영란법이라 불리는 공직자윤리법 제정이 지금 이슈가 되는 것을 보면 얼마나 윤리 문제가 심각한지 짐작할 수 있습니다. 언론 역시 미디어 전쟁 속에서 건전한 저널리즘보다는 상업적 이해관계에 물들어 구독률과 시청률 경쟁에만 몰두하고 있습니다.

현대 문명사회를 살아가는 오늘날 일반 시민들조차, 크고 작은 법규를 위반하고 양심과 도덕을 무시하고 잊어버리고 있는 것 같습니다. 우리 이웃의 평범한 시민들을 잠시 돌아볼까요?

음주운전과 차선 끼어들기, 교통사고를 내고 뺑소니를 치는 시민, 신이 내린다며 청소년을 성추행한 무속인, 임대료 문제로 자기 가게를 불지른 임차인, 듣기도 민망한 지하철에서의 개똥녀와 쩍벌남도 우리의 눈살을 찌푸리게 합니다.

게다가 청소년들의 윤리 의식도 변하고 있습니다. 지하철이나 사람이 넘치는 길거리 혹은 백화점이나 극장, 심지어 문화 공간 같은 공적 장소에서 자주 목격할 수 있는 청소년들의 도를 넘는 애정 표현입니다. 10대 후반이나 20대 초반으로 보이는 젊은이들이 보여주는 애정 표현의 도가 지나친 것을 자주 목격하게 됩니다. 이러한 때 나이 든 장년이나 어르신 중에 그 누구도 나서서 이들에게 나무라거나 꾸짖지 않고 그냥 모른 체하고 있습니다. 성경 속에서 얘기하는 "죄 없는 자가 돌을 던져라."라는 말씀 때문일까요? 이 시대 그 누구도 돈을 던질 수 없고, 돌을 던지려 하지 않고 있습니다.

강한 자들은 위선과 오만이 넘쳐납니다. 힘없이 살아가는 서민들도 이런저런 이유로 양심과 윤리가 무너지고 있습니다. 기독교적 관점에서 인간은 원죄를 갖고 태어나며, 살아가는 동안 크고 작은 죄를 짓고 살아갈 수밖에 없는 모순을 갖는 존재입니다. 우리 인류와 우리 사회 전체 공동체의 삶의 질과 번영을 위해서 우리는 법과 양심의 기준을 만들고 그것을 지켜야 합니다.

"죄 없는 자가 돌을 던져라."

이 말은 그 누구에게 보다도 우리 스스로 던져야 할 말인지도 모르겠습니다. 우리의 정부와 공직자, 정치인, 경제인, 교육자, 언론인, 서민들 심지어 종교인까지 공공의식과 공익성, 윤리와 양심의 문제를 생각해야겠습니다. 나는 정말 죄가 없는가, 자기 자신은 어떤 잘못을 하고 있는지, 내가 지금 하려고 하는 일이 또 다른 잘못은 아닌지 스스로 돌이켜 보아야 할 때입니다.

우리가 지금 생각해야 할 것은 내 마음속으로 지켜야 할 윤리 의식과 양심입니다. 무엇인가 행동하기 이전에 다시 한 번 생각해 보는 시간을 가져야 합니다. 범죄가 넘치는 시대, 양심이 실종된 사회, 윤리를 잊어버리고 정의를 생각지 않는 오늘, 모순투성이 사면초가의 상황은 남의 현실이 아니라 사실은 우리의 현실입니다. 양심대로 살자면 먹고살기가 어렵고, 적당히 거짓말하며 현실과 타협하며 살자니 인생이 부끄러워지는 현실이, 우리의 시대 상황은 아닌지 모르겠습니다.

어떨 때는 잘 알지도 못하면서 남을 단죄하고, 어떨 때는 어처구니없는 험담의 돌을 맞는 세상에서 이러지도 저러지도 못하는 진퇴양난의 현실에서, 우리의 새로움은 자신을 직시하는 데서 시작됩니다. 타인의 잘

못만 보고 있는 한 우리 손의 돌을 내려놓을 수는 없습니다. 남을 흉보는 눈을 돌려 자신을 보며, 남에게 돌을 던지려는 자신이 바로 돌 맞을 존재임을 깨달을 때, 움켜쥔 두 손에서 돌을 내려놓을 수 있습니다.

오늘 새삼 '누가 돌을 던지는 용기를 낼 수 있는가?' 우리 모두에게 질문을 던집니다.

6

바꿔보지도 않고
성패를 논하지 마라

현대 그룹의 창업자인 정주영 회장께서 경영 일선에서 활동하던 시절의 유명한 일화가 있습니다. 정 회장은 늘 사업 현장을 직접 방문해서 회사 목표와 실적을 점검했습니다. 그리고 직원에게 현재 당면한 과제나 문제점을 질문했습니다. 직원은 책임 과제와 달성하지 못한 이유를 보고했습니다. 작업의 어려움이나 목표 달성이 불가능한 이유도 설명했습니다. 이때 정 회장은 그 부하 직원에게 이렇게 되물었습니다.

"당신 해보긴 해봤어?"

또 한 가지는 외국 유명 회사의 나이 많은 노 회장의 일화입니다. 바로 대만에 소재한 세계 최대 자전거 회사 '자이언트'의 창업주인 류진바오 전 회장의 이야기입니다. 73세의 나이로 대만 한 바퀴를 자전거로 완주했을 때, 그는 "내가 해냈다! 해냈어!"라고 소리 질렀습니다. 그리고 이 노인은 80세에 '자전거 대만 한 바퀴'를 한 번 더 돌았습니다. 73세 때는 완주에 15일이 걸렸는데 7년 뒤엔 12일로 빨라졌습니다.

류 씨는 2006년 대만 영화 〈연습곡〉을 보고 난 뒤 '대만 일주'를 결심했습니다. 이 영화는 청각 장애가 있는 남자 대학생이 기타를 메고 자전거로 대만을 일주하면서 겪는 이야기입니다.

영화에서는 주인공이 자전거를 타고 대만 일주를 하는데 누군가가 묻습니다. "왜 학교에 안 가고 자전거를 타느냐?" 이 질문에 주인공은 "무엇이든 지금 당장 하지 않으면 영원히 못 합니다." 이렇게 대답했습니다. 류 회장은 그 장면을 보는 순간 '지금 당장 해야겠다.'라고 생각했습니다.

당신은 어떻습니까?

지금 당장 하고 싶거나 해야 할 목표가 있는지요?

우리 대부분은 결심만 하고 행동을 미룹니다. 아니면 도전하기에 벅차거나 실패가 두려워 시도할 엄두조차 못하고 포기하고 맙니다. 임종을 앞둔 환자에게 의사나 호스피스 간호사가 '인생에서 가장 후회하는 것이 무엇인가?' 질문하면 대다수 환자가 '자기가 건강할 때 하지 않은 행동과 해보지 못한 꿈'이라고 말합니다.

당신에게 또 한 번의 인생이 주어진다면 어떻게 살 것입니까?

하고자 하는 것이 무엇인지, 어떤 위치에서 어떻게 살고 싶은지, 그것을 종이에 적어보길 바랍니다. 실현 가능 여부는 생각지 말고 적어야 합니다. 후회 없는 인생을 위해서 마음껏 적어보는 것입니다. 앞으로의 세월이 그것을 이루기에 얼마나 필요한지도 생각해봅니다. 가슴에 열정이 있고 꿈이 있다면 지금의 나의 조건과 상태는 상관이 없습니다. 나이도 성별도 상관이 없습니다. 다만 나에게 그것을 과감히 시도하는 용기와 행동만 있으면 됩니다.

당신은 이미 사회 경력, 취미, 취향, 관심사 등 많은 요소를 갖추고 있습니다. 다만 부족한 부분만 보충해 전문가로 업그레이드하십시오. 당신이 실천하는 그 순간부터 당신의 새로운 인생, 차별화된 인생이 펼쳐질 것입니다. 당신의 일상에서 작은 변화가 일어날 때 당신은 진정한 삶을 살게 됩니다.

『영어책 한 권 외워봤니?』라는 책의 작가이고, 드라마 PD인 김민식 저자는 우리에게 자신이 잘하는 일에 도전하라고 말합니다. 그는 자신이 영어 공부로 일군 성공 비결과 꾸준한 한 가지 실천으로 인생을 바꾼 경험을 우리에게 들려줍니다. 그는 부족한 교육은 독서로 채우고, 부족한 외모는 연애로 극복하고, 부족한 경험은 여행으로 메우고, 부족한 방송 연출 기회는 SNS로 보완하라고 권합니다.

우리는 누구라도 숨어 있는 자기의 본능을 일깨워, 지금 당장 신나고 재미있는 사건을 만들고 도전해볼 수 있습니다. 우리가 "하면 된다"라는 말에 감흥이 없는 이유는 한번 해봐서 이루어본 경험이 거의 없기 때문입니다. 직접 무언가 한 가지 일을 시작하고 그 일을 반복해서 해나간다면, 당신에게도 똑같은 기적이 일어날 것입니다.

아니면 새로운 느낌의 생활 양식을 개발하는 일에 도전해보면 어떨까요? 불안정한 시대에 가족의 삶을 한가운데 놓고 아이들과 함께 보내는 시간 만들기, 도시 생활에서 지친 마음에 휴식을 주는 어반라이프로 살아보기, 동네 사람들과 함께 소박하게 식사를 나누는 잔치 모임, 또 다른 삶의 존재를 확인하는 오지 탐험 여행 등은 어떠신지요.

개인이 스스로 정체성을 만들고 힘을 기르는 창조적인 삶에 도전하기도 좋을 것입니다. 자기표현에 중점을 두고 매일 아침 글쓰기나 저녁에 일기 쓰기, 세상의 가치를 탐험하고 숨어 있던 열정을 발산하기 위한 새로운 도전도 좋겠습니다. 자기 관심에 집중하고 한 가지 취미에 몰입해

보기도 좋겠습니다.

아니라면 그동안 축적된 나쁜 습관 버리기도 하나쯤 만들어보시길 권합니다.

저녁 늦게 잠들고 아침에 늦잠 자기 습관이나, 쇼핑 중독, 텔레비전 시청 습관 바꾸기 등 행복한 일상을 경험하게 해줄 소소한 일거리나 체험 활동들을 한 가지라도 시작해 보십시오. 원두커피나 와인 공부, 목공예 작업이나 화초 가꾸기, 그림 그리기나 악기 연주 등은 어떠신지요. 나의 삶 전반을 바꾸는 거창한 작업 말고, 혁명이나 변혁의 거창한 구호 없이 실천하는 작지만 소중한 경험, 행복을 주는 행동이면 좋겠습니다.

우리에게 꿈과 가능성이 남아 있다면, 아직도 세상은 넓고 할 일은 많습니다. 구직활동 하는 청년들과 은퇴 후 제2의 인생을 꿈꾸는 시니어들도 힘내시기 바랍니다. 새로운 삶을 위한 과감한 도전과 시도, 일상에서 실현하는 놀이와 일, 만나고 대화하고, 느끼고 즐기는 인생을 응원합니다. 일 중독에 빠져 있거나 휴식 없는 삶에서 벗어나고, 소비 욕망을 부추기는 광고에서 벗어나면 좋겠습니다. 삶의 균형을 되찾고, 지루하고 무의미한 기운을 빼앗는 일상의 흐름을 어떻게든 바꾸어 나아가기를 바랍니다. 저 또한 과도한 출세 욕구에 사로잡히거나, 쓸데없이 많은 물건에 주목하는 일은 이제 그만 바꾸려고 합니다.

나만의 관심과 해결해야 할 과제가 있다면, 지금 당장 과감하게 도전하고 시작하십시오. 한 번이라도 시도해보는 삶은 실패해도 절대 후회하지 않는 삶입니다.

역사적 사고는 비판의 힘을 키운다

역사적 사고의 핵심은 '비교하고 바라보기'입니다. 결론에 도달하기 전에 다양한 사료를 읽고 서로 비교하고 이해하는 과정을 선행하는 것입니다. 어떤 결정이든, '가짜 뉴스'를 찾으러 여러 웹사이트의 뉴스들을 띄워 정보를 비교하는 팩트 체커들처럼 '날 자료'들을 비교하며 읽는 '수평적 읽기'를 하는 것입니다.

저자는 이를 "마음을 잘 쓰는 법을 배우는 여정'이라고 말합니다. 우리에게 필요한 것은 단순 지식이 아니라 통찰력과 비판적 사고인 셈입니다. 이러한 통찰력은 바로 역사공부를 통해서 만들어질 수 있습니다. 더 나아가 역사 공부를 포함하는 미디어, 뉴스 리터러시 능력을 배양하는 것입니다.

우리가 역사 교육에서 얻을 수 있는 것은 진실과 가짜의 구분, 진리와 정의의 수호가 어떻게 이루어지는지 아는 능력입니다. 역사적 사실 속에 숨어 있는 이러한 깨달음을 통해 현실을 인식하고 미래를 설계해 나가는 것이 필요합니다. 역사 속에서 정의는 항상 다수의 의견만으로 이루어지지 않음을 알 수 있습니다. 정의는 항상 자신이 옳다고 믿는 윗사람 갑에 의해서 이루어졌습니다. 그리고 소수의 갑들에 의해 정의가 변질되기도 했음을 보여줍니다.

이제 우리의 교육이 '역사적 사고' 수업과 '역사가처럼 읽기' 수업처럼 전체 교육 과정을 비판적 사고 방향으로 근본적으로 전환할 것을 요구합니다.

우리가 왜 역사에서 배워야 할까요?

다름 아닌 '통찰의 힘', '비판의 힘'을 키우기 위해서입니다. 글로벌 시대, 정보화 시대 디지털 사회로 세상은 점점 더 복잡해지고 사고할 시간은 점점 줄어들고 있습니다. 통찰의 힘을 상실한 오늘, 그 누구도 섣불리 위험 부담을 지지 않고 결단하려고 하지 않습니다.

그리고 아무도 잘못을 책임지려 하지 않습니다. '내로남불'이 모든 진리와 정의를 좀 먹고 있습니다. 우리는 너 나 할 것 없이 미래 불확실성과 혼돈 속에 갇혀 버린 느낌입니다. 안개 속 혼돈을 몰아내고 보다 선명한 시야를 확보하기 위해서라도 역사적 교훈 속에서 진정한 통찰의 힘을 얻을 수 있기를 바랍니다.

SELF MARK ETING

Part 7

폭을 넓히는
셀프 마케팅 원칙 5
- 생각하라

1

스키마의 크기와
스마트 싱킹(Thinking)

글로벌 시대의 화두는 다양성과 창의성이라 할 수 있습니다. 예측할 수 없이 빨리 변화하는 패러다임과 다양한 정보 및 문화의 소통은, 단선적 지식과 경직된 사고만으로는 적절히 대응할 수 없음을 잘 말해줍니다.

인류의 대발견 뒤에는 빛나는 '생각의 습관'이 있었습니다. 따라서 21세기 미래를 능동적으로 열어가려면 고품질 지식을 습득하고 이를 창의적으로 적용할 수 있는 스마트 싱킹을 터득하는 것이 필수입니다. 창의성은 갑자기 하늘에서 뚝 떨어지는 것이 아닙니다. 창의성은 준비된 마음을 선호합니다.

인간이 똑똑해지는 한계는 어디일까요?

인간은 생각하는 동물입니다. 인간은 살아가기 위해서, 또 어떤 어려움과 문제에 부딪힐 때도 생각해야 합니다. 그리고 가끔은 과거를 추억하기 위해 기억을 더듬기도 합니다. 인간이 나이가 들어갈수록 이 생각하는 기능이 자꾸 줄어들고, 심지어 치매라는 병에 걸리기도 합니다.

인간의 생각하는 힘과 사고 능력을 어떻게 하면 높일 수 있을까요?

인간의 두뇌는 컴퓨터의 작동 원리를 이해하면 쉽게 유추할 수 있을 것입니다. 컴퓨터에는 입력 기능과 저장 기능 그리고 출력 기능이 있습니다. 우리 인간의 뇌도 정보를 기억으로 저장하고, 그 저장된 정보를 적절한 시간에 잘 꺼내 쓰기 위해서 작동합니다. 우리는 이것을 인간의 사고 능력이라고 부릅니다.

21세기 글로벌 초경쟁 환경을 살아가는 개인, 기업 국가 모두에게 이 사고 능력은 필요한 것입니다. 이 사고 능력은 IQ를 넘어 인간 창조성을 계측하는 도구로서 새로운 프로그램으로 계발되어야 합니다. 아트 마크만 박사는 『스마트 싱킹』이라는 저서를 통해 인지심리학의 바탕 위에 생각의 원리를 제시하고 있습니다. 우리는 그가 제시하는 원리를 잘 이해하고 따라 하기만 한다면, 누구나 스마트해질 것이라고 기대합니다.

인간의 생각이 스마트해지는 일, 스마트 싱킹이 무엇인지 우선 생각해봅니다. 스마트 싱킹이란 "현재 가지고 있는 지식을 활용하여 새로운 문제를 해결하는 능력입니다." 이제 그 스마트 싱킹의 원리를 소개해드립니다.

스마트 싱킹의 법칙은 간단히 3가지로 요약됩니다.

스마트한 습관, 고품질 지식, 그리고 지식의 적용입니다. 먼저 스마트한 습관에 대해서는 그 본질을 이해해야 합니다. 우리의 인지 체계는 가능한 생각을 최소화하게 되어 있습니다. 사람에게는 매일 반복되는, 생각하고 싶지 않은 여러 가지 역할들이 있습니다. 그런 역할을 무의식적으로 행할 수 있도록 해서, 더 중요한 일에 생각을 집중하도록 해주는 것이 바로 습관입니다.

사람은 매일 반복되는 일상에 대해 어떻게 해야 할지 생각하길 원하지 않습니다. 매일 세부적인 생각에 힘을 쏟아야 한다면, 스트레스를 받고 이내 지쳐버릴 것입니다. 우리가 '원하는 행동'을 '자동으로' 할 수 있는 것은 스마트한 습관 때문입니다. 무엇을 실행하기 위해서 의식적으로 생각하지 않아도 되는 것이 자동적 행동입니다.

이 스마트한 습관에도 법칙이 있습니다. 첫째 행동과 환경 사이의 일관적 대응 관계를 만드는 것, 둘째 이 행동을 반복적으로 실행하는 것입니다.

스마트 싱킹의 두 번째 원칙은 자신의 한계를 알고 고품질 지식을 지속해서 습득하는 것입니다. 인간의 생각과 지능은 보는 것과 아는 것에 달려 있습니다. 사람은 한 가지 상황을 바라보는 순간부터 기존의 지식을 사용합니다. 과거의 경험 속에서 더 많이, 더 잘 알수록 우리의 지식과 창의성은 그 범위가 더욱 넓어지고 커지게 됩니다. 우리는 아침에 눈을 뜨는 순간부터 이미 알고 있던 지식에 의해 부분적으로 영향을 받게 됩니다. 낮은 수준의 정보에서 높은 수준의 정보로 올라갈수록, 새로운 정보를 습득하고 이해하는 능력과 창의성의 가능성은 더욱 커지게 됩니다.

우리는 내가 이미 가지고 있는 정보, 즉 스키마의 크기에 따라 스마트 싱킹의 가능성도 더욱 커지게 됨을 알 수 있습니다. 그리고 스마트 싱킹을 위해 반드시 던져야 할 질문이 있습니다.

그것은 바로 모든 현상에 대해서 "왜?"라는 질문을 던지는 것입니다. '왜'라는 물음은 바로 인과 지식이 됩니다.

스마트 싱킹의 마지막 원칙은 이미 가진 지식을 실제 문제 해결에 적용하기입니다. 우리가 당면하는 모든 문제는 이미 그 해결책이 존재합니다. 과거의 경험을 재사용하기 위해서는, 과거와 현재 사이의 유사점을 찾아야 합니다. 그리고 유추를 통해 먼 영역으로부터, 유사점을 가져와 활용할 수가 있습니다. 문제 해결을 위한 정보란 보통 새로운 상황과 과거에 경험한 무엇과의 사이에 존재하는, 전체적인 유사성에 근거하는 기억으로부터 나오는 것들입니다. 애플컴퓨터는 '다르게 생각하라(Think different)'란 슬로건으로 광고 캠페인을 펼친 바 있습니다. 이 광고가 그토록 인기를 끈 이유는, 놀랍고 혁명적인 생각엔 새로운 사고방식이 요구된다는 관점입니다.

어떻게 해야 다르게 생각할 수 있을 것인가? '틀에서 벗어나 생각하기'를 고민하며 생각의 대상을 바꿔보는 것도 스마트 싱킹이 아닐까 생각합니다.

생각하는 힘은 나무의 뿌리와 같다

생각하면 현실이 됩니다. 반면 생각하지 않으면 아무것도 이룰 수 없습니다. 이처럼 생각은 우리가 살아가는 데 가장 중요한 기능이요, 존재 이유입니다. 학업에 매진하는 학생은 생각하는 힘을 통해 학업 성적을 올릴 수 있고, 사업에 열중하는 기업인은 생각하는 힘이 있어야 사업의 성공을 거둘 수 있습니다. 우리 인생의 성공과 좌절이 모두 이 생각하는 힘에서 비롯됩니다.

프랑스의 파스칼은 "인간은 생각하는 갈대"라고 했습니다.

철학자 데카르트는 "나는 생각한다. 고로 나는 존재한다."라고 했습니다. 두 사람 모두 인간의 본질과 존재 이유를 모두 생각하는 힘에서 나온다고 믿었습니다.

요즘 우리의 교육 환경과 어린 자녀들의 학업 성취 결과를 바라보면서 더욱 생각하는 힘의 중요성을 재인식하게 됩니다. 학습의 핵심 역량은 어디에서 비롯될까요?

우리 인간의 뇌는 좌뇌와 우뇌가 서로 다르게, 또한 협력하며 사고하고 기능한다고 합니다. 좌뇌의 기능 중에는 추상력과 언어사고력, 수리력과 추리력 등을 담당한다고 합니다. 그리고 이 좌뇌의 기능은 학습의 친밀도와 학습할 수 있는 기초적 능력이라고 할 수 있습니다. 이 중에서도 추상력, 즉 생각하는 능력이 학습 능력의 기본이라 할 수 있습니다.

학습의 핵심 역량은 바로 생각하는 힘에 달려 있습니다. 좌뇌의 학습 능력 중에서도 생각하는 영역, 즉 추상력을 가장 먼저 길러야 합니다. 생각하는 힘은 나무의 뿌리와 같습니다. 뿌리가 약하면 나무는 그 자리에 서 있을 수 없습니다. 나무의 뿌리를 튼튼하게 해야 더욱 크게 성장할 수 있듯이 학습과 교육의 초반기에 생각하는 능력과 습관을 키워두어야 하겠습니다. 생각하는 어린이가 더 넓은 세상을 꿈꾸고 평생을 배우는 자세로 살아갈 수 있습니다.

창의적인 인재로 크지 못하는 우리 아이들의 문제는, 바로 생각하는 능력을 키우지 않은 결과입니다. 쉬운 단답형 학습과 교사의 일방적 주입식 교육에 익숙한 우리 교육 풍토와 현실에 기인할 수 있습니다. 이제부터라도 학습의 기본을 '질문하는 교육과 토론하는 환경으로 바꾸어 생각하는 힘과 창의력'을 길러야 합니다.

우리의 창의 인재 교육이 어려운 이유는 우리의 교육 문화와 시스템 때문이기도 합니다. 우리나라 학교의 교육 행태는 질문을 어렵게 하는 문화가 형성되어 있습니다. 또한 학습의 결과도 정형화된 시스템으로 평가하고 있으니, 다양성을 추구하는 인재계발은 멀어지게 되는 결과를 낳고 있습니다. 우리 사회가 창의적 인재를 키우기 위해서는 이스라엘처럼 끊임없는 질문과 토론 형식의 수업 방식으로 전환해야 할 것입니다.

또 한 가지 창의적 인재를 가로막는 심각한 문제는 바로 교육행정의 편의주의에서도 찾을 수 있습니다. 학교 행정을 문과와 이과로 구분하거나 언어, 수리, 외국어 영역 등 획일적 시스템으로 만든 결과로 볼 수 있습니다. 유치부나 초등학생 등 아이가 어릴 때일수록 가정에서 부모 교육과, 학교 혹은 교습소에서의 교육 방식이 중요하다 할 수 있겠습니다. 창의성과 생각하는 힘은 끊임없는 의문과 질문을 통해서 다양한 해답을 구하는 과정에서 계발될 수 있습니다.

한 가지 문제를 두고서 다양한 방향으로 자유롭게 생각하고 상상할 수 있는 훈련이 필요한 이유입니다. 혼자서 해보는 질문과 함께 타인과 토론하는 브레인스토밍 방식도 권장되어야 합니다.

하지만 우리의 현실은 정반대입니다. 우리의 현재 교육 방법과 학습 방법은 천편일률적으로 이루어지는 듯합니다. 똑같은 방식으로 이루어지는 교육과 학습 방법으로는 창의력 계발은 기대할 수 없습니다. 생각하지 않는 아이, 생각 없는 아이를 무작정 학원이나 교습소로 보낸다고 학업 성적이 올라가지도, 영재로 만들어지지도 않습니다.

다양한 정보와 지식은 생각하는 힘을 키우는 토양입니다. 아울러 아이가 보고 듣는 것, 읽는 것이 모두 생각의 밑거름이라고 할 수 있습니다. 생각하는 힘을 키우기 위해서 우선은 이 토양을 가꾸고 밑거름을 뿌려야 할 것입니다. 토양을 가장 쉽게 가꾸는 방법의 하나가 바로 독서 습관과 훈련입니다. 책을 읽는 사람은 생각하는 사람으로 쉽게 이동할 수 있습니다.

또한 독서와 더불어 함께해야 할 일이 질문과 토론 훈련입니다. 이스라엘의 도서관이 단지 책을 읽는 공간이 아니라 서로 질문하고 토론하는 장소로 이용되고 있는 점은 우리에게 시사하는 바가 큽니다. 불행하게도 우리는 아직도 생각하지 않는 어린이들을 위한 교육 투자가 미흡합니다. 유치원이나 초등학교 때 어떤 교과목을 가르치느냐가 중요한 것이 아니라, 아이가 스스로 새로운 문제와 해결 방법을 생각해낼 수 있는 능력, 호기심, 열정이 훨씬 중요한 것입니다.

유치원 교육에서부터 생각하는 힘을 길러주는 유연한 교육이 됐으면 합니다. 획일적인 관점의 고착화가 아니라, 다르게 생각할 줄 아는 유연성 훈련은 일찍 시작할수록 좋겠습니다.

3

크리에이터이자 코디네이터가 되라

어느 순간 삶의 변화를 꿈꾸는 당신에게, 내 삶을 바꾸고 변화시키기 위해 아티스트로 살 것을 권합니다.

사람은 수많은 직업을 가지고 살아갑니다. 일과 직업은 사람의 삶의 질을 높이고, 행복한 삶을 결정합니다.

우리는 어떻게 하면 평생 한 가지 직업으로 살아갈 수 있을까요?

어떻게 하면 나이 들어서도 내 일을 가지면서 만족할 수 있을까요?

그리고 정말 내가 좋아하고, 하고 싶은 일을 하며 살아갈 수 있을까요?

그것은 바로 평생을 예술가로 살아가는 것입니다.

우리는 때로는 피아노나 그림을 배운다든지, 연기 수업이나 창작 강의를 듣는다든지 하는 창조적인 일을 소망하기도 합니다. 우리는 창조적인 삶에 굶주려 있습니다. 우리는 보다 창조적인 사람이 되고 싶어 합니다. 그러나 자신이 지금보다는 더 창조적인 사람이라고 느끼면서도 그 창조성을 효과적으로 일궈내지 못하고 있습니다.

아티스트를 우리는 흔히 예술가로 생각합니다.

화가, 시인, 도예가, 작가, 영화제작자, 배우, 혹은 개인 생활이나 어떤 예술 분야든 상관없이 좀 더 창조적이고 싶어 하는 사람들입니다. 사람은 책, 영화, 그림, 사진, 그리고 무용이나 음악, 배우 활동처럼 창조적 영혼을 불태우며 자신 스스로 많은 것을 만들어냄으로써 삶을 풍요롭게 합니다.

예술가로 살아가기 위해서 먼저 생각해야 할 것이 있습니다. 예술과 예술가를 우선 정의해봅시다. 마케팅의 고수인 세스 고딘은 "예술이란 새로운 틀을 구축하고, 사람과 아이디어를 연결하고, 정해진 규칙 없이 시도하는 것"이라고 밝히며, "예술가란 기존 질서에 도전하는 용기와 통찰력, 창조성과 결단력을 갖춘 사람"이라고 말합니다.

예술가의 삶이란 바로 도전하는 삶이며, 개척하는 삶입니다. 그리고 나아가서 융합과 창조의 삶입니다. 다른 말로 바꿔 표현하면 예술가는 크리에이터이며, 또한 코디네이터입니다.

예술가로 살기 위해서 무엇을 어떻게 해야 할까요?

예술가가 되기 위해서 먼저 준비해야 할 것과 실행 방법 몇 가지를 알려드립니다. **아티스트에게 필요한 것 중에서 가장 필요한 것은 '상상력과 창조력'입니다.** 창조성은 상상력의 정신이 끌어냅니다. 창조성이란 정신적인 경험입니다. 만일 당신의 창조성을 회복시킨다면 내면의 창조적인 가능성은 한없이 확대될 수 있습니다.

아티스트가 되기 위해서는 여전히 인간적 진실을 찾고, 시대의 고민을 해결하려는 문제의식과 아이디어를 찾아가야 합니다.

나의 당면한 문제는 무엇인가? (What?)

나의 문제를 어떻게 해결할 것인가? (How?)

위 두 가지 물음에 대한 질문과 대답을 끊임없이 반복해보는 것입니다.

두 번째 실행 사항은 타인을 위한 삶에서 '나를 분리하기'입니다.

창조성을 회복하기 시작하면 지금까지의 일상적인 삶의 군더더기로부터 진정한 자신을 끄집어내는 분리 과정에 들어가는 것입니다. 이것은 우리를 매몰된 일상에서 멀리 들어올려 전체를 조망할 수 있도록 하는 것이며, 다시 말하면 '초점을 끌어당기는 것'입니다.

우리는 지금까지 다른 사람들의 삶과 희망, 꿈, 계획에다 자신의 창조적인 에너지를 낭비해 왔습니다. 이제는 나 자신의 꿈과 진정한 목표를 보다 명확하게 표현하고 한계를 다시 점검해보아야 합니다. 자신에 대한 도전 의식과 자신감에 적응성은 강해지고 자율성과 성장 가능성이 더욱 커졌음을 경험하는 것입니다.

세 번째 준비와 실행사항은 '읽기와 쓰기, 그리기'입니다. 『예술가의 길』을 저술한 줄리아 카메룬은 내 안의 창조성을 깨우고 회복하기 위한 기본 도구로서 그림 그리기와 글쓰기를 권유합니다.

"당신을 통해 자신을 표현하고 싶어 하는 창조적인 에너지가 있다는 점을 기억하세요.", "당신의 작품이나 자신을 쉽게 재단하지 마세요.", "그런 것은 나중에 얼마든지 할 수 있어요.", "당신을 통해 신이 역사하도록 하세요."라고 예술가들에게 가르쳤습니다.

우리의 삶이 예술 작품이 될 수 있는 것은 우리가 창조적인 존재이기 때문입니다. 인간은 누구나 예술적 자질이 있습니다. 이제 자신 안에 감춰져 있는 예술적 자질들을 크리에이터의 본성으로 꺼내놓을 때입니다.

4

'모닝 페이지'와 '아티스트 데이트'로 창조성을 깨우라

당신이 하는 일은 무엇입니까? 그리고 당신은 창조적입니까?

나이나 인생살이와 관계없이 예술을 직업으로 삼든 취미나 꿈으로 여기든, 창조성을 일깨우려는 노력은 결코 늦었거나 이기적이거나 어리석은 일이 아닙니다.

당신이 만약 창조적인 생활로 삶의 풍요로움을 추구한다면, 당신의 내부에 잠재하고 있는 그 창조성은 어떻게 일깨울 수 있을까요?

저는 줄리아 카메룬이 쓴 『아티스트 웨이』를 강력히 추천해 드립니다. 저자인 줄리아 카메룬은 작가 겸 연출가이고 창조성을 일깨우는 워크숍의 강사입니다. 그는 고통받는 아티스트에서 창조적인 아티스트로 변신한 자신의 경험을 토대로 자신이 배운 교훈을 들려줍니다.

그는 1978년 1월에 술을 끊었습니다. 그동안 글을 쓰는 데 술이 필요하다고 느낀 적은 한 번도 없었지만, 어느 날 갑자기 술 없이는 더 글을 쓰지 못할지도 모른다는 생각이 들었기 때문입니다. 그는 어느새 술과 글을 스카치와 소다수처럼 묶어서 생각하기 시작했고, 점점 술 없이는 글을 쓰기가 두려워졌습니다. 그래서 술을 마시고 취한 상태에서 창조력이 어딘가로 숨어버리기 전에 글을 쓰곤 했습니다.

그는 지금까지 취중의 창조성-자신은 그것을 '발작적인 창조성'이라 부름-에 의존해서 글을 쓰고, 그 덕분에 출세해서 파라마운트 영화사 근처에 자신의 사무실을 갖고 있을 정도였습니다. 하지만 10년 동안 글을 쓰면서 그가 배운 것은, 막연한 자신의 가능성에 기대어 허둥지둥 단숨에 글을 써 내려가면서, 작품의 벽에 덤벼드는 것이 전부였습니다.

그는 발작적 창조성에 의존해 글 쓰는 동안 문장의 가시덤불에 넘어졌고, 피를 흘렸습니다. 예전의 그 고통스러운 방법을 계속 고집했다면, 그는 지금도 고통스러워하며 일하고 있을 것입니다. 하지만 그는 맑은 정신으로 글 쓰는 방법을 익히든지, 아니면 글 쓰는 것을 아예 포기해야 했습니다. 그는 술을 끊었던 그 주에 맑은 정신으로도 창조적일 수 있다는 깨달음을 다시 얻었습니다. 자기 내면에 갇혀 있는 창조적인 힘이 마음껏 움직이도록 의식 속에 길을 터주었습니다.

창조성은 어떤 면에서 종교적입니다. 또한, 어쩌면 창조성은 피 같은 것입니다. 피가 우리의 몸 안에 흐르듯이, 창조성도 우리의 정신 속에 존재하며, 길을 만들겠다고 마음만 먹으면 창조성은 모습을 드러냅니다.

우리는 주위에서 많은 아티스트들, 시인, 소설가, 극작가, 도예가와 사진작가, 무용가, 영화배우, 감독, 그리고 예술적인 재능을 갖고 싶어 하는 사람들이나 좀 더 창조적인 삶을 꿈꾸는 사람들을 봐 왔습니다. 그러는 동안 창조성이 막힌 화가가 그림을 다시 그리고, 낙담한 시인이 시를 읊고, 서툴고 잘 쓰지 못하던 작가가 원고지와 씨름하는 것을 보고 창조성을 믿게 되었습니다.

혹시 창조성이 내부에 있지 않다며, 자신의 창조성에 회의가 드신다면, 이 책에 나오는 두 가지 도구, '모닝 페이지'와 '아티스트 데이트'는 일종의 인공호흡법으로서 당신을 구조하는 역할을 할 것입니다. 그것들을 충실히 이행하고 실천하시기 바랍니다.

창조성을 되살리는 첫 번째 도구는 모닝 페이지입니다. 모닝 페이지란 무엇일까? 간단히 말해 매일 아침 의식의 흐름을 3쪽 정도 적어가는 것입니다.

"어휴, 또 아침이 시작되었군. 정말 쓸 말이 없다. 참, 커튼을 빨아야지. 그건 그렇고 어제 세탁물은 찾아왔나? 어쩌고저쩌고"

잘못 쓴 모닝 페이지란 없습니다. 매일 아침 쓰는 이 두서없는 이야기는 세상에 내놓을 작품이 아닙니다. 일기나 작문도 아닙니다. 페이지라는 말은 생각나는 대로 페이지에서 페이지로 써내려가며 움직이는 손동작을 뜻하는 단어일 뿐입니다. 모닝 페이지에는 어떤 내용이라도, 아주 사소하거나 바보 같고 엉뚱한 내용이라도 모두 적을 수 있습니다.

어떤 글이든 괜찮습니다. 어떤 것이든 그냥 매일 아침 3쪽을 쓰는 게 중요합니다.

당신의 창조성을 발견하기 위한 두 번째 도구는 아티스트 데이트입니다. 아티스트 데이트란 무엇인가? 그것은 매주 2시간 정도 시간을 정해 두고, 이 시간에는 당신의 창조적인 의식과 당신 내면의 아티스트에게 영양을 공급하는 것입니다. 아티스트 데이트는 일종의 소풍 같은 것입니다. 즉 미리 계획을 세워 모든 침입자를 막는 놀이 데이트의 형태를 띕니다. 이 데이트에는 특별한 공간이 필요하고 시간이 필요합니다. 예를 들면 잡동사니가 가득 쌓여 있는 고물상에 가보기, 해변에 혼자 가기, 옛날 영화 보러 가기, 수족관이나 미술관에 가기 등입니다.

일주일에 한 번씩 하는 아티스트 데이트는 대단히 생산적인 일입니다. 오랫동안 시골길 걷기, 일출이나 일몰을 보기 위해 혼자 해변에 가기, 낯선 교회나 성당에서 찬송가 듣기, 법당에서 암송되는 법구경 낭독이나 풍경소리 듣기, 이국적인 풍경이나 낯선 곳으로의 여행, 볼링이나 농구도 좋아할 수 있습니다.

창조를 위해 우리는 내면의 샘에서 물을 긷습니다.

예술의 이미지로 샘을 채우고, 내면의 소리에 귀 기울이기처럼 아티스트 데이트는 사치스러운 여행이 아니라 당신이 원하는 관심의 시간과 공간을 가지는 일입니다.

창조의 샘을 채우기 위해서 일상에서 잠시 창조와 함께 가벼운 여행을 떠나시길 권합니다. 가까운 숲의 오솔길이나 호수 공원을 잠시 산책하는 가벼운 여행 말입니다. 그 시간에 나의 창조성도 신선한 경험의 면적을 넓혀 날아오를 것입니다.

5

비가 오면
걱정보다 우산을 먼저 찾아라

현대인들은 자신의 삶 속에서 부딪치는 다양한 문제들로 고민하면서 해결 방법을 모색하며 살고 있습니다. 그리고 삶의 문제를 해결하려고 전문가를 찾고 매체를 뒤적이고, 상담가를 찾아보지만, 그런데도 부족하고 허전한 느낌이 드는 것은 무슨 이유일까요?

행복해지고 싶어 분주히 뛰다 보면 오히려 불행해졌다고 느낍니다. 행복에 대한 강박감이 오히려 피로감으로 변질된 것입니다.

살아보면 행복하다고 느끼는 순간보다 불행하다고 느끼는 시간이 더 많은 것 같습니다. 그리고 그 불행의 원인으로 들 수 있는 것은 인간관계, 재정 문제, 건강 문제, 일자리 문제에서부터 심지어 가족관계(부부관계) 등 다양합니다. 우리는 왜 불행할까요? 그리고 불행을 피하려면 어떻게 해야 할까요?

책 속에서 찾아낸 인생을 오래 연구하고 살아온 분들의 조언을 몇 가지 소개해봅니다. "행복은 만족감과 쾌락을 좇아가는 생존을 위한 지침서일 뿐, 생존 과정에서 도달했다고 받는 상장(賞狀)이 아닙니다. 행복해야 한다는 환상에서 벗어나십시오."라고 『행복의 기원』에서 서은국 연세대 심리학과 교수가 말합니다.

뉴욕 앨프리드대 철학과 교수이자 『단순한 삶의 철학』의 저자, 행복 연구가인 엠리스 웨스타콧은 『1달러로 만드는 하루의 행복』이란 제목의 유명한 강의에서, "단순하고 절약하는 삶에 대한 집착 때문에 오히려 불행해질 수 있다."고 주장했습니다.

두 사람의 주장을 들어보면 소유도 쾌락도 소박함도 행복의 정답은 아닙니다. 돈과 성공, 명예 따위는 가치 있는 삶의 직진 신호가 아닙니다. 서 교수는 한국인의 행복 박탈감 문제를 인간관계에서 찾고 있습니다. 제일 중요한 건 사람, 또 거기서 만들어지는 관계입니다. 유아독존이나 외곬은 행복의 관점에선 좋지 않습니다. 타인과 주변의 긍정적인 에너지가 인간을 행복하게 하는데, 우리나라는 타인을 경쟁자로 보면서 불신과 스트레스를 받습니다.

웨스타콧 교수는 행복은 주관적인 관점으로 만들 수 있다고 주장합니다. 행복하려면 마음의 평화가 쾌락보다 중요하다고 강조합니다. 관점이 중요한 것은 '사고실험(thought experiment)'에서도 나타납니다.

집이 몽땅 타서 재산을 모두 잃었다고 가정해 봅시다. 당신은 불행할 것입니다. 그런데 만약 불이 났는데, 재산은 지켰지만, 가족을 잃었다고 생각해봅시다. 그 슬픔은 재산을 잃었을 때와는 비교할 수 없을 것입니다. 무엇이 진정 가치 있는 것인지 곰곰이 생각해볼 필요가 있습니다.

『내가 알고 있는 걸 당신도 알게 된다면』을 쓴 작가 칼 팔레르모는 말합니다.

"우리의 큰 실수는 삶, 그 자체를 즐기지 않는 것이다."
"어째서 사람들은 여전히 불행을 호소하는 것일까?"
"왜 사람들은 불행한 삶의 해답에 목말라하는 것일까?"

그는 이런 의문에 대한 해답을 나이 든 사람들에게서 찾고자 했고, 이를 위해 코넬대학교에서 인류 유산 프로젝트라는 연구를 시작했습니다.

그의 연구 결과에 의하면 우리가 불행한 이유는 다양한 이야기가 나오지만, 불행을 피하기 위한 핵심 메시지는 간단하게 정리할 수 있습니다.

'행복은 조건이 아니라 선택이다', '만약 내가 해결할 수 없는 것이라면, 그냥 흘러가게 놔둬라.' 행복한 시간만 있고 불행하지 않은 삶은 없습니다. 또한 걱정 없는 삶은 이 세상에 없습니다.

문제없는 삶이란 바로 죽은 삶이나 다름없습니다. 그리고 걱정거리는 늘 우리와 함께합니다. 그러나 많은 사람이 우리에게 불행하지 않으려면, '걱정하지 말고 멈추라고 말한다.' 그리고 '걱정해서 좋을 것 하나 없다'고 당신에게 충고합니다.

불행을 이기는 몇 가지 방법을 제안합니다.

첫째, 아무리 걱정이 많더라도 걱정은 결국 해결된다고 생각합시다.
뭔가 걱정거리가 있고, 아주 걱정된다면, 일단 걱정을 멈추고, '이 또한 지나가리라'라고 생각합시다.

둘째, 비가 올 때 걱정보다 우산을 찾아봅시다.
"나는 준비해야 한다는 사실을 깨달았어. 내가 걱정하는 모든 것들을 미리 준비하는 거지… 남들 앞에서 피아노 반주를 멋지게 연주하고 싶은 걱정이 된다면, 어떡할까, 그럴 때면 완벽하게 연주할 수 있을 때까지 연습해. 그러면 걱정이 사라지더라고…."

걱정이 생기면 그것으로 시간 낭비하지 말 것, 계획을 세워 미리 대비하든지, 그 원인을 제거하며 해결 방법을 찾아, 바로 실행할 수 있도록할 것입니다.

셋째, 어쩔 수 없는 경우에는 흘러가는 대로 내버려 두는 것입니다.
"인생은 좋은 것이라네, 사람들은 온갖 것을 걱정하지만, 난 아무 걱정없이 느긋하게 살지. 내일 죽을 운명이라면 내일 죽겠지, 달리 방도가 있나, 하지만 난 이렇게 살아 있네. 내가 걱정하든 않든 내일 태양은 다시떠오른다네…."

비가 올 때 걱정보다 우산을 준비하는 것은 우리가 불행을 대처하는최선의 방법입니다. 그러나 때로 숙명적인 불행이 닥친다면 평정심을 유지하도록 노력하면 잘 견뎌내는 것도 중요합니다. 이때 필요한 것이 마음에 넓은 호수를 준비하는 철학적 관점인 것 같습니다.

6

포지티브 심리, 성공과 부의 법칙

우리는 하루가 다르게 생소하고 엄청난 속도로 변화하는 세계에 살고 있습니다. 그리하여 잠에서 깨어나면, 매일같이 새로운 환경에 적응하고 새로운 도전에 직면합니다.

새로운 정보와 새로운 뉴스들 속에는 많은 성공과 실패의 사례들로 가득합니다. 이러한 뉴스들은 새롭게 생겨나는 것만큼이나 빠르게 사라집니다. 우리가 살아가면서 모든 것이 바뀌고 사라지지만, 내 마음속에서 변치 않고 유지되어야 할 것이 하나 있습니다.

그것은 포지티브 심리, 바로 긍정의 생각과 적극적인 마음가짐입니다. 이 긍정적 마인드는 원래 미국의 나폴레옹 힐이 성공과 부의 법칙으로 주장한 것입니다. 성공과 부의 원리로서 이 긍정적 마인드는 이 세상의 그 어떤 불확실성 속에서도, 우리의 삶의 진리로서 여전히 가이드가 되어줄 수 있습니다.

진정으로 나의 삶을 보다 나은 방향으로 바꾸어 놓고 싶다면, 이 긍정적 마인드가 당신의 가장 강력한 무기가 될 것입니다. 만일 내 마음속에 긍정의 마인드가 없다면 그 어떤 성공도 이룰 수 없다고 감히 말씀드립니다.

우리의 주변에는 많은 '꿈 도둑'들이 있습니다.

그 꿈 도둑은 내 주변의 사람 중에서 '너는 안 될 거야', '너의 생각과 내 생각은 달라'라고 말하는 사람들입니다. 그리고 그 꿈 도둑은 내 마음속에서도 생겨날 수 있습니다. '나는 실패가 두려워', '나는 여기까지가 한계야', '나는 결코 승자가 될 수 없어'와 같은 내 마음의 태도입니다.

세상을 살아가며 우리가 바라는 꿈 중에서, 이루어지는 것과 이루어지지 않는 것이 있습니다. 결과만 보면 내 마음대로 안 되는 일이 훨씬 많다는 것을 알 수 있습니다. 이때 중요한 것은 내 마음의 태도입니다. 나의 꿈을 이어가는 태도, 꿈의 결과에 대한 태도입니다. 어떤 일이 일어나든 한결같은 마음의 자세, 긍정적 마인드를 잃지 말아야 합니다.

그리고 내 생각에 대한 믿음과 신념이 바뀌지 않고 지속하는 꾸준함도 필요합니다. 바로 이 긍정적인 마음의 태도가 바뀌지 않는다면, 그 어떤 실패에도 실망하지 않고 다시 시작할 수 있는 행동의 원천이 됩니다.

지금은 7월, 벌써 한해의 절반이 지나갔습니다. 아니 아직 한해의 절반이 남았습니다. 내가 지금 무슨 일을 하고 있든, 어떤 꿈을 가꾸고 있든, 다시 시작하는 마음의 여유를 갖기 바랍니다.

지금 하던 일을 잠시 멈추고 스스로 질문을 던져 보기 바랍니다.

나는 어떤 꿈을 꾸고 있는가? 나는 어떤 태도를 가지고 있는가?
지금까지 나는 어떤 삶을 살아왔으며 어떤 사람이 되려고 하는가?

5년 전, 10년 전의 나의 모습과 지금의 나의 모습을 비교해보십시오. 나의 삶의 경험 속에서 나의 장점은 무엇이었는지, 나의 단점은 무엇이었는지를 점검해보셨나요? 혹시 당신은 이런 생각이 들지 않는지요?

나는 특별한 재주도 재능도 없고, 잘 태어나지도 않았고, 가진 것도 별로 없고, 특별히 바라는 것도 없고, 성공한 삶을 살기도 어렵다고 말입니다. 나에 대한 문제점과 부정적인 생각들이 어느 정도였는지, 그 생각이 혹 지금의 나를 만든 것이 아닌지 반문해보는 것입니다. 아니 이와는 반대로 나의 과거는 화려한 배경과 성공으로 이루어졌는지도 알 수 없습니다. 그 어떠한 경우이든지, 현재의 나의 상황은 과거의 내 생각과 태도가 이루어놓은 결과일 뿐입니다. 그렇듯이 지금의 내 생각과 태도는 분명 나의 미래입니다.

나의 현재의 환경이 어떠하든 다시 나의 모습을 상상해보기 바랍니다.

"나는 나를 믿는다. 나는 지금의 나를 더없이 사랑한다. 나는 나만의 꿈을 가지고 있다. 나는 꼭 성공할 것이다. 나는 할 수 있다."

성공으로 가는 최상의 선택, 그것은 바로 내 마음속에서 부정적인 생각을 버리고 긍정적인 생각을 선택하는 것입니다.

7

몰입:
행복한 인생의 필요충분조건

첫바퀴 안에서 늘 똑같은 인생이 계속된다고 느끼고 있습니까?

당신의 삶이 변화하기를 기대한다면 몰입을 권해드립니다.

당신을 포함한 우리 주변의 대부분은 과중한 업무와 다중 작업에 둘러싸여, 조금의 여유도 없이 살고 있습니다. 아니면 할 일 없이 빈둥빈둥 시간을 허비하고 있거나 둘 중 하나입니다. 만일 당신의 에너지를 한 가지에 몰입하면, 놀라운 삶이 시작될 것입니다.

몰입 이론의 대가인 미하이 칙센트 교수는 그의 저서 『몰입의 즐거움』에서, 삶의 원칙이자 지표로 몰입하기를 주장합니다. 인생에서 더 많은 것을 배우고 자기 삶을 더 값지게 만들고 싶다면 몰입하기를 인생의 원칙이자 지표로 삼으라는 것이죠.

몰입은 우리 인생이 행복해지기 위해서, 더 창조적으로 되기 위해서, 더 높은 성과를 얻기 위해서, 가져야 할 기본 항목을 떠나 필요충분조건이라 할 수 있습니다. 미하이 칙센트는 몰입이 가져오는 자기 충족을 누리기 위해서는 집중력이 필요하다고 밝혔습니다. 대부분의 사람은 공허감만 남기는 수동적 자세로 자기 시간을 보냅니다. 몰입은 우리 자신을 위해서만 필요한 것이 아니라, 우리 가족과 우리의 조직, 우리가 사는 세상 전체를 이어주는 끈이라고 주장합니다.

'어떻게 하면 우리가 하는 일, 우리가 하는 놀이, 우리의 삶의 질 전체를 끌어 올릴 수 있는가?'

그 해답은 바로 한 가지 일에 집중하는 것, 몰입하기입니다. 모든 일에 관심을 쏟으려 하다 보면 그 모든 일에 대한 노력이 부족해지고, 제대로 완수되는 일이 하나도 없게 됩니다.

『한 가지 일(The one thing)』의 저자인 게리 켈러는 이렇게 말합니다. 우리의 삶에서 "기적은 항상 극단적인 상황에서 일어난다." 이 말의 의미는 균형 잡힌 삶도 중요하지만 단순한 삶이 더 효율적이라는 것을 뜻합니다. 균형 잡힌 삶, 현실적으로 우리의 삶이 당연히 그래야만 하는 것처럼 보입니다.

하지만 사실은 그렇지 않습니다. 일의 관점에서만 보면 모든 일을 할 수 있는 충분한 시간이 생기고, 모든 일이 제시간에 마무리될 수만 있다면 가능한 일입니다. 일에 대한 균형과 성취의 결과는 항상 불균형입니다. 다시 말해 균형적인 삶을 추구한다는 것은 어떤 것도 극단을 추구하지 않는다는 뜻입니다. 그리고 균형이 중간이라고 생각하기 쉽습니다. 불균형은 곧 중간에서 멀어지는 것이고, 중간에서 멀어지면 극단적인 삶을 사는 셈이 됩니다. 그러나 중간적인 삶을 살 때는, 어떤 일에든 많은 시간을 투자하기가 힘들어진다는 문제가 생깁니다. 본질적으로 모든 탁월한 성과는 시간과 노력의 타협을 통해 이루어집니다.

균형보다 극단을 추구하는 이유는 기적이 결코 중간 지점에서 일어나지 않기 때문입니다. 기적은 극단에서 일어납니다. 여기에서 우리는 딜레마에 빠집니다. 극단을 추구하는 것도 나름대로 문제가 있습니다. 극단을 추구하다 보면 자신의 한계와 맞닥뜨리게 되기 때문입니다. 그리고 중간을 택하는 것과 마찬가지로 극단적으로 달려가는 것 역시, 늘 관리하기 힘들다는 문제가 있습니다. 여기서 잠시 우리 삶의 몇 가지 선택의 경우를 생각해봅니다.

첫 번째, 일에만 열중하는 삶입니다.

야근과 연장근무도 불사하며 너무 오랜 시간 일하다 보면, 결과적으로 우리의 개인적 삶은 황폐해집니다. '내 삶이 없어'라고 말하면서 부당하게 일을 탓하게 됩니다.

두 번째는 이와 정반대의 상황입니다.

직장생활과 일이 방해를 하지 않는데도 개인적 삶 자체가 '해야 할 일들'로 가득 차, 또 한 번 '내 삶이 없어'라고 투덜거리는 것입니다.

세 번째는 때로는 양쪽 모두에서 공격을 받는 경우입니다.

삶과 일 모두에서 해야 할 일들이 너무 많다고 느끼면, 또 한 번 '나에겐 왜 내 삶이 없는 거야!'라고 외치는 것입니다.

시간은 결코 우리를 기다려주지 않습니다. 그리고 우리에겐 늘 시간이 없거나, 돈이 없거나, 건강이 없거나, 한 가지가 부족하게 되어 있습니다. 무엇인가를 지나치게 극단으로 몰아가거나, 뒤로 미루다가는 그것을 영영 만나지 못하게 될 수도 있습니다. 우리는 시간이 지난 후에 그 잃어버린 세월을 후회하게 됩니다. 균형 잡힌 삶이라는 거짓말을 믿으며, 하지 말아야 할 일을 하거나, 해야 할 일을 중단하게 될지도 모릅니다.

지금 나의 현재가 중도라는 이름의 많은 해야 할 일들에 둘러싸여 있다면 그 일들에 단순함이라는 힘을 작용해 중심을 잡아야 합니다. '균형'이란 말 대신 '한 가지로 중심 잡기'를 해보기를 권합니다.

아무리 애를 써도 하루, 일주일, 한 달, 1년, 그리고 삶이 끝날 때 즈음엔 무언가 마무리되지 못한 일이 남게 되어 있습니다. 그것을 모두 해내려 애쓰는 것은 소용없는 짓입니다.

중요하지 않은 어떤 일들을 미완성인 채로 남기는 것은 탁월한 성과를 얻기 위해 치러야 할 대가입니다. 모든 것을 미완성으로 남기는 것은 곤란하지만, 중요한 일을 하기 위해서는 중심 잡기가 필요합니다.

일과 개인적 삶 사이에서 중심을 잡는 것, 각각의 일들을 위한 시간 속에서 중심을 잡는 것, 버리고, 선택하고, 집중하는 것, 당신에게 지금 바로 몰입이 필요한 시간일지 모릅니다.

확고한 결단력을 이끌어내는 통찰력

확고한 결단력은 통찰에서 비롯됩니다.

당신이 만약 그룹의 리더가 되고 싶고, 앞서가는 리더가 되고자 한다면 어떤 역량이 필요할까요? 조직을 이끄는 리더십은 통찰력에서 나옵니다. 당신 안에 숨어 있는 모든 가능성 중에서 당신을 이제까지와는 전혀 다른 사람으로 변화하기 위해서 필요한 것은 무엇일까요? 그중 한 가지는 통찰력입니다.

이 통찰력은 현재 자신이 보유하고 있지만, 사용하지 않는 에너지와 재능이 되면 곤란합니다. 리더가 되려는 당신이라면, 당신의 잠재력을 극대화하기 위한 통찰력을 개발하십시오.

통찰을 위한 몇 가지 원칙을 예시로 들어보겠습니다.

"기회를 발견하고, 최상의 시나리오를 선택하라. 최악의 시나리오는 회피하라. 다른 사람의 말을 눈으로 들어라. 합의의 토대 위에서 커뮤니케이션 하라. 왜 이 일을 해야 하는지를 밝혀라."

균형을 잃지 말고 빠르게 조정하라

빠르게 조정하는 것은 통찰력이 뛰어남을 보여줍니다. 궤도에서 벗어나지 않고 빠르고 정확하게 의사결정을 함으로써 환경에 적응하는 것을 의미합니다. 일의 우선순위가 변하고 장애물이 나타나며 혼돈이 발생할 때가 있습니다. 당신은 감정적인 혼란에 빠지지 말고 이러한 상황을 처리해야 합니다. 당신은 그 상황을 재빨리 분석하고 가장 효과적인 행동을 취해야 합니다.

실패를 두려워하지 말라

대신 재빨리 조정하고 다음 단계를 준비하십시오. 빠른 조정은 당신의 의사결정 기술을 향상시키고 집중도를 높여주며 유연성을 크게 해줍니다. 빠른 조정은 당신을 목표에 맞추도록 도와줍니다. 또한 빠른 조정은 바쁘게 진행되는 삶을 잘 관리하도록 해주며, 삶에서 만나는 긴급한 상황과 위기에 침착하게 대처할 수 있도록 성찰해줍니다.

뛰어난 의사결정자가 되라

결정을 해야 할 상황에서 모든 선택 사항을 살펴보고 해결책을 찾으십시오. 공적 이익을 우선하고 사적 이익을 뒤로하십시오. 다음은 옳든 그르든 빨리 결정을 내리십시오. 결정을 미루지 않을 때 당신은 사생활과 일에서 성공을 거둘 수 있습니다.

뛰어난 통찰력과 의사결정을 위해 다음과 같이 하십시오.

– 상황을 종이 위에 적는다.
– 가능한 세 가지 선택 사항을 적는다.
– 각 선택 사항의 좋은 점과 나쁜 점을 살펴본다. 각각의 안이 단기적으로, 그리고 장기적으로 자신에게 어떤 영향을 미칠 것인가 검토한다.
– 세 가지 안 중에서 한 가지를 결정해서 실행에 옮긴다.

뛰어난 의사결정자는 다른 사람들의 존중과 신뢰를 받습니다. 이들은 계속 앞으로 나아가며, 숙고하고 확인하면서 모험을 감수하고, 자신이 내린 결정을 신뢰합니다.